体重と体型が思い通りになる
魔法の食事&トレーニング
ついったーでも
いっしょにとれーにんぐ

もくじ

ついダマされがちなダイエットのウソ …………… 4
ダイエットや肉体改造で優先すべき二大要素 ……… 6

カラダ作りは食事が10割!!
食事管理のための基本のキホン
食事管理のやり方 ………………… 10
TDEEを計算する
カロリー制限のやり方 …………… 12
TDEEを計算した後は… …………… 13
食欲を確実に抑える方法 ………… 14
停滞期の乗り越え方 ……………… 16
体重だけをダイエットの
目標にしてはいけない …………… 18
体重計はウソをつく!? …………… 20

筋肉ってどうやったらつくの？
基礎知識編
そもそもなんで筋トレするの？ …… 22
トレーニングは2〜3日おきに、
超回復の話 ………………………… 23
漸進性過負荷の原則 ……………… 24
トレーニングメニューの組み方 … 26
筋トレ負荷の強さまとめ ………… 27
筋肉痛と筋肉の成長は無関係？ … 30
ダイエットに有酸素運動は必要？ … 32
女性も筋トレをすると
すぐ太くなるって本当？ ………… 34

ウォーミングアップ＆ストレッチ
ベアースクワット ………………… 36
4の字ヒップストレッチ ………… 37
太もも前のストレッチ …………… 38
太もも後ろのストレッチ ………… 40
ドアウェイストレッチ …………… 42
腰ひねりストレッチ ……………… 43
レッグスウィング ………………… 44

まずはこれだけ！ 簡単筋トレ
で全身をくまなく鍛える
スクワット ………………………… 46
ランジ ……………………………… 47
サイドランジ ……………………… 48
腕立て伏せ ………………………… 49
タオルプルダウン ………………… 50
バックエクステンション ………… 52

高強度な時短トレで筋肉は
落とさずに脂肪燃焼を狙え
マウンテンクライマー …………… 54
バーピージャンプ ………………… 56

運動が苦手な人向けの、
いつでもどこでもできる楽勝
すぎるトレーニング
フィンガープル …………………… 58
カーフレイズ ……………………… 59
パームプレス ……………………… 60
ドローイン ………………………… 61

お尻と太ももを鍛えれば代謝アップ確実！

スモウスクワット …………… 64
ブルガリアンスクワット ……… 65
ピストルスクワット …………… 66
ファイヤーハイドラント ……… 68
ドンキーキック ………………… 69
ヒップアブダクション ………… 70
ライイングアダクション ……… 71
増量のやり方 …………………… 72

胸を鍛えて男性は厚い胸板、女性は上向きバストに！

シュード・プランシェ・プッシュアップ … 74
プッシュアップバー …………… 75
ディップス ……………………… 76

逆三角形の背中とくびれを作る

シーテッドローイング ………… 78
ストレートブリッジ …………… 79
懸垂 ……………………………… 80

二の腕のぷにぷにを引き締めたい！

ベンチディップス ……………… 82

体幹＋腹筋を鍛える

プランク ………………………… 84
サイドプランク ………………… 85
スパイダープランク …………… 86
ヒップフロート ………………… 87
シングルレッグデットリフト … 88

やっぱりバキバキの腹筋を作りたい！

腹筋はどうすれば割れますか？ … 90
クランチ ………………………… 92
レッグレイズ …………………… 93
ツイストクランチ ……………… 94
Vシット ………………………… 95
サイドベンド …………………… 96
デッドバグ ……………………… 97
ニートゥーチェスト …………… 98
腹筋ローラー …………………… 99
ドラゴンフラッグ ……………… 100

かっこいい肩を作る！

パイクプッシュアップ ………… 102

えっ、あれもウソだった？ダイエット間違いあるある

ダイエットにありがちな不思議な現象 …………… 104
炭水化物は太りにくい ………… 106
ダイエット中にパフェって食べていいの？ ……………… 108
夜遅くに食べると太るのは都市伝説!? ………………… 110
夜にたくさん食べた方がダイエットはうまくいく？ … 112
部分やせってできるんですか？ … 114
正しいプロテインの使い方 …… 116
ダイエットに有効な食べ物 …… 118

筋トレ＆ダイエットのためのコンビニ食品カタログ ……… 121

夜遅く食べると太る?

最も広く信じられている嘘だと思います。特に効果が無いばかりか夜の空腹感が強くなり、ダイエットを挫折してしまったり、睡眠の質が下がって脂肪減少や筋トレに悪影響がある可能性があります。

詳細はP110

1日1食だと太る?

1日1食だろうが5食だろうが関係ないので「1日の総摂取カロリーがいくつか?」だけ見ましょう。

詳細はP10

ついダマされがちなダイエットのウソ

ダイエットや肉体改造の情報には「広く信じられているけれど、実は間違い」というものがたくさんあります。「みんなが言ってるから正しいに決まってるでしょ」と深く考えずにそういった間違いを信じてしまうと、効果がないばかりか逆にダイエットや肉体改造をうまく進められなくなってしまうことも。ここで正しい知識を身に着けていざ万全の状態でスタートしましょう!

糖質は太る?

これも広く信じられている嘘です。糖質は太りにくいです。

詳細はP106

食欲を減らすにはよく噛めばいい?

そんな気休めよりも確実に食欲を抑える方法があります。

詳細はP14

朝食を食べないと太る？

2019年に出された、28年分の論文を分析した研究では、朝食を食べない人が太りやすいという結果は全く得られず、逆に朝食を食べている人の方が1日の総摂取カロリーが多くなり、太りやすいかもしれないという結論が出ています。

参考『Effect of breakfast on weight and energy intake: systematic review and meta-analysis of randomised controlled trials』

詳細はP112

女性も筋トレするとすぐ太くなる？

筋トレはむしろ身体をスリムにします。

詳細はP34

ダイエットには有酸素運動が必要？

特に必要ではないので、有酸素運動が嫌いな人はやめましょう。

詳細はP32

タンパク質は摂り過ぎると腎臓にダメージが？

タンパク質を摂りすぎて健康を害するという報告はないため、これ以上摂るとヤバいという上限量は設定されていません。

詳細はP116

タンパク質は1回で吸収される量が20〜30g？

嘘です。今のところ常識的な食事量なら特に上限は考える必要はなさそうです。

お腹をへこませるなら腹筋だけやればOK？

部分痩せはできません。

詳細はP114

ダイエットや肉体改造で優先すべき二大要素

一体何からやれば
いいんだろう？
情報が多すぎて
よくわからない…

　物事には何にでも優先順位というものがあります。大事なことをまずおさえておくことで、少ない労力で大きな効果を出すことができます。ダイエットや肉体改造でもそれは同じですが、この優先順位がよくわかっていないので、すごく努力をしているのにぜんぜん身体が変化していない人をたまに見かけます。

　食事のカロリーや栄養素ではなく、いつ食べるかのタイミングという何の効果もないことばかり気にする人、野菜やスムージーさえ摂ればダイエットは何とかなると思ってる人、30回以下しかできない程度のちょうどいい負荷をかけて少しずつその限界を上げていく筋トレをするべきなのに、「昨日100回腹筋しちゃってさ～」と自慢してしまう人。

　みんなけっこう辛い思いをしているのに効果が出ないので、そのうち「私はこういう体質だからしょうがない…」と諦めてしまいます。こんな悲しいことにならないように、**最小限の努力で最大の効果を出してもらう優先順位**のお話をします。

最も重要なのは…食事管理

　全ての中で一番重要で、体重の増減や筋肉量の変化をここでコントロールします。ダイエットでも筋肉をモリモリつけたい場合でもこれをやらなければ何も起こらないです。

　食事管理をやらないでダイエットや肉体改造に挑むというのは、野球選手がバットを持たずに素手で打席に立つようなものですし、四次元ポケットを持ってないドラえもんのようなものですし、うどんが存在しない香川県と同じです。

　この本では、食事とトレーニングを紹介してますが、トレーニングがイヤすぎる人は食事法だけでも効果抜群なので、まずは食事管理だけでもOKです。

　さて具体的に食事を管理していくために、まずは、カロリーや栄養素を計算するのですが（P12）、計算は簡単で小学生でもできます。

食事管理の次に重視する
トレーニングメニュー

　食事管理の次に重要な項目です。2番目ということは、食事管理をやらないでトレーニングだけこだわっても身体が変化しない可能性があるということです。

　筋トレにはダイエット効果もありますが、基本的に**ダイエットは「食事管理で体脂肪を減らす」**のがメインで、**筋トレは「その時、筋肉を落とさないようにする」のが目的**です。筋肉を維持してダイエットすることで、女性なら女性らしく、男性なら男性らしいメリハリのある身体になりますし、代謝も落ちにくいのでリバウンドもしにくくなります。

　また、ガリガリの身体を改善する時も同じように食事で充分なタンパク質を確保して、オーバーカロリーにした上で筋トレの内容を考えましょう。

その他の要素は？

　その他の要素としてはサプリメントなどが入ります。でも食事管理とトレーニング以外はたいして重要じゃありません。むしろこれらができていなければ全ての努力がムダになってしまう可能性があります。食事やトレーニングは適当だけど、サプリにはこだわりがすごい人はひょっとしたらお金をドブに捨ててるだけかもしれません。

カラダ作りは食事が10割!! 食事管理のための基本のキホン

カラダ作りは食事が10割!! 食事管理のための基本のキホン

食事管理のやり方

大原則として自分の1日の総消費カロリーと自分が口に入れる食品の総摂取カロリーは計算しましょう。痩せるか太るかというのは全てカロリーが支配しています。誤解している人もいるかも知れませんが、糖質制限もどれだけ食べても痩せる訳ではなく、カロリー制限の一種です。

レベル0 TDEEとは？

まず初めにTDEE（1日の総消費カロリー）を計算します。TDEEとは、食事でこのカロリーよりも多く摂ると太り、少なく摂ると痩せるという、ダイエットするなら絶対に知っておくべき数値です。TDEEの求め方については、この後で詳しく説明します（P12）

レベル1 まずはカロリーだけ考える

初めに計算して設定したカロリーを守って食事をします。ここでは扱う数字が1つだけなので、すぐに実行することができると思います。食べてはいけない食品はありませんので、カロリーさえ分かれば、ラーメン、パフェ、ハンバーガー、シュークリームなど何でも食べてよいです。しかし**ジャンクフードはカロリーが多いくせに満足感が低い**ため、カロリーだけ守ってジャンクフードを好きなだけ食べようとするとまず挫折する可能性が高いです。カロリーを抑えつ

つ満足度の高い食事をするために一刻も早くレベル2に移りましょう。この時点で「設定したカロリー守るの辛すぎるよ…」となる人はマジではやくしろー！　間に合わなくなっても知らんぞ！　ここはあくまでもカロリー計算に慣れるだけの期間だと考えましょう。

レベル2 🔥🔥 カロリー＋栄養素のバランスを考える

　カロリーの管理に慣れてきたら次は炭水化物、タンパク質、脂質の3大栄養素のバランスを考えましょう。ここでカロリーに加えて、3つの栄養素を管理するので、4つの数字を扱うことになります。レベル1から難易度が4倍になりますが、空腹感はこの栄養素で食べているとかなり和らぎます。

タンパク質	体重×1.5～2g
脂質	体重×0.6～1g
炭水化物	残り全部のカロリー

タンパク質1g＝4kcal、脂質1g＝9kcal、炭水化物1g＝4kcal。炭水化物の計算方法はP109をご覧ください。

　左の図が3大栄養素の理想的な配分ですが、この配分を守ることでなるべく筋肉を落とさずダイエットできるので、美しいボディラインを維持でき、また代謝も落ちにくくなるので、リバウンドもしにくくなります。

　そして3大栄養素のバランスが適当な場合よりもダイエット中のパフォーマンス低下が少なくなります。

・体重60kgで設定カロリーが1600kcalの人がこの配分を守った場合
　タンパク質：120g　脂質：36g　炭水化物：200g
になり、これをコンビニの商品に換算すると
　サラダチキン4個　鯖の水煮缶1個　おにぎり4個
になります。

　なお、ビタミンやミネラル、食物繊維が足りないので、ここにサラダを足したり、マルチビタミンのサプリを追加してもらうと、より良くなります。

　初めは成分表示をチェックしたり、ネットで食材の栄養を調べたりしないといけませんが、そのうち慣れてくると思います。

レベル3 🔥🔥🔥 摂取する脂質を良質なものに変換する

　脂質をお肉やお菓子メインで摂らずにサバやサーモン、くるみなどの良質なものから摂取するようにします。

　レベル2までできる人はここは簡単だと思うので、突き詰めたい人はやってみて下さい。

カラダ作りは食事が10割‼ 食事管理のための基本のキホン

TDEEを計算する カロリー制限のやり方

①基礎代謝を計算する

「基礎代謝 計算」で検索したサイトに身長や体重を入れて計算。

②基礎代謝に「1.2」をかける

基礎代謝が1500kcalの人は
1500×1.2=1800kcal
これで出てくるのがあなたのTDEE（1日に消費するカロリー）です。

●TDEEとは…？
このカロリーを毎日とれば太りも痩せたりもしない、今の体型を維持するカロリーです。
（日頃よく活動してる人だと基礎代謝にかける値は「1.375」です）

●ダイエットのために最も大切な法則は
消費カロリー＞摂取カロリーなので、TDEEよりも少ないカロリーに制限すれば痩せます！　そして基礎代謝×1.2で出したTDEEに0.8をかけるとおすすめダイエット用カロリーが出てきます。このカロリーでタンパク質を体重×1.5〜2g摂った上で空腹感などと相談して摂取カロリーを微調整していきましょう。

TDEEを計算した後は…

とにかく「消費カロリー>摂取カロリー」の原則を守れるように頑張りましょう。ついドカ食いしてしまったら次の日からまた気を引き締めてやれば多少ペースは落ちてしまいますが確実に痩せていきます。

なお、摂取カロリーの計算は自炊して材料から計算する、外食やコンビニの場合はカロリー表示を見て計算する、などのやり方がありますが、レコーディングダイエット用のカロリー計算アプリを使うのも一つの手です。

補足1:筋トレ時に多くカロリーを摂った方が筋肉の減少を軽減できるのでオススメ。

補足2:カロリー計算アプリの栄養アドバイスは無視して摂取カロリーだけ見て下さい。

そして実践して欲しいのが**タンパク質を「体重×1.5～2g」摂ること!** これが難しい場合は「体重×1g」は摂るようにして下さい。理由は筋肉の成長のため、そしてダイエット時の筋肉の減少を抑えるためです。またタンパク質は髪や肌の原料なので美容的にも摂った方が良いです。

「カロリー計算なんてめんどくせえ!」という人には1日の食事を1～2食抜いたり、プロテインやサラダチキンに置き換えることで減量プランに近くなると思います。体重の減量や見た目の変化などをチェックして調整してみて下さい。

食欲を確実に抑える方法

毎日TDEEより少ないカロリーでダイエットできるなら問題ないのですが…

①停滞期（カロリーを減らしても体重が減らない期間）が続く

②お腹が減ってイライラ

③ドカ食いしてリバウンド

上のような現象が起こらないように食欲を抑える方法を知っておきましょう。

・**タンパク質を多く摂る**／体重×1.5〜2gでも空腹感が強い場合は体重×2.5〜3gまで上げてみてもOKです。

・**食物繊維を多く摂る**／カロリーが少ない葉物野菜をバンバン摂りましょう。お菓子の代わりにフルーツで置き換えるのは非常に有効な方法です。

・**水を飲む**／空腹感を感じたらとりあえず水を飲んでみましょう。お手軽なのに食欲が抑えられます。

・**加工食品をできるだけ減らす**／加工されていない、元の姿を保ったままの食品を摂ると満足度が高いです。お肉ならベーコンやソーセージは避け、炭水化物も白米ではなく玄米や全粒粉のパン、さつまいもなどに置き換えると満足度が高くなります。

・**液体ではなく固形物を摂る**／同じカロリーでも液体より固形の方が満足度が高いです。プロテイン1杯よりも鶏むね肉100g、スムージーよりも野菜やフルーツをそのまま食べましょう。

カラダ作りは食事が10割!! 食事管理のための基本のキホン

以上のテクニックを使っても空腹感が強い場合はTDEE×0.9などにして摂取カロリーを上げてみましょう。
　また逆に食欲が増えてしまう原因になるのが、ストレス、睡眠不足、アルコールです。これらを避けるように生活習慣にも気を配ってみましょう。

タンパク質の摂取量を上げると食欲が減る

　あんまり日本のダイエット情報では触れられないことですが、**タンパク質は食欲を抑えます**。本当に、ヤバいぐらい抑えます。タンパク質はダイエットに良い効果しかないですが、特にこの空腹感を軽くする効果があるため死ぬほどオススメしています。タンパク質を体重×1.5〜2gくらい摂るとこの食欲を抑える効果が発動します。2005年の研究ではカロリーを制限せずに低タンパクから高タンパクの食事に変えただけで約440kcalも自然に食事量が減ったという結果が！「**タンパク質は合法の痩せ薬**」とりあえず今日はこれだけ覚えて帰ってください！

参考『A high-protein diet induces sustained reductions in appetite, ad libitum caloric intake, and body weight despite compensatory changes in diurnal plasma leptin and ghrelin concentrations』

同じカロリーも食品によって満足度が異なる

　菓子パンなどがカロリーが多いくせに食事の満足度が低い食品の代表格です。500kcalの菓子パン1個だと、同じカロリーで満足度が高い食品は鶏むね肉（皮なし）500gとなります。想像してみて下さい。菓子パン1個はペロリと食べれても500gのお肉を完食するのはなかなか難しいはずです。このようにダイエット用に摂取カロリーを下げた時は**満足度の高い食品をメインに食事を組み立てるとダイエットを続けやすくなります**。努力や根性ではなくテクニックを使いましょう。

停滞期の乗り越え方

「最初は体重が減ったのに毎日体重計に乗っても全然減らない」という、停滞期が起こることがあります。一体何が起こっているのか見ていきましょう。ちなみにこの時に「体が飢餓状態になって吸収率が上がってる！」という人がいますが、すでに100年以上前にアトウォーターさんという方が人間の吸収率は95％前後であることを突き止めて、今では色んな教科書に載っています。もちろん夜遅くに食事をしても吸収率は95％前後です。

①ダイエットはうまくいっているがそれが数字に表れない

人の体重は水分や胃腸の内容物により1～2kgくらい簡単に変化してしまいます。そして私達が減らしたいと思っている脂肪は一日に50～100gぐらいしか減っていきません。

ちゃんと脂肪が減っていても逆に体重が増えているのはよくある事なのです。毎日体重計に乗っても変化がない場合は2～4週間の長期的な変化で体重をチェックすることが肝心です。

脂肪は100g減ったけど+400g増加

体脂肪の減少-100g
ペットボトル1本の水+500g
↓
400g増えたように見える

カラダ作りは食事が10割!!食事管理のための基本のキホン

②身体が省エネモードになる

　消費カロリー＞摂取カロリーの状態を続けていると、スマホの電池が足りなくなるように人間の身体もダルくなったり、重く感じたり、日常動作であまり動かなくなります。また、それと同時に基礎代謝も省エネモードに移行していきます。アプリや自分でカロリーを計算して「これで1ヵ月で5kg落ちるぞ！」となっても、上手くこの計画通りにいかない理由がこの省エネモードです。そして、この省エネモードでどのくらいカロリーが抑えられるかに関して個人差がかなりあるため、正確に求めるのは難しいです。

　省エネモードが原因で体重が減らない場合はさらに摂取カロリーを減らしていくのですが、停滞期の大抵の理由は①であることが多いです。

③体重が大幅に減っていても最初のカロリー設定のまま

　最初に消費カロリー＞摂取カロリーにするためにTDEEを計算しても、体重が多い人の方がTDEEが多いので、5kgか10kg体重が減っていくと、消費カロリー＝摂取カロリーとなって釣り合ってしまいます。この場合は現在の体重でTDEEを計算しなおしましょう。また「ダイエットはこのくらいでいいや」となって体重を維持したい時もTDEEを改めて計算すると、その体重を維持するカロリーが出ます。

カラダ作りは食事が10割!!食事管理のための基本のキホン

体重だけをダイエットの目標にしてはいけない

「○○kgになるのが目標！」そうやって食事制限や有酸素運動のみで目標の体重にたどりついても鏡で見るとイマイチ…。二の腕はぷにぷにしているし、お尻は垂れ気味、太ももやお腹まわりもまだちょっと脂肪が残っている…。

けっこうあるあるな話だと思います。一体なぜこんなことが起こるのか、そしてどうやって解決すればいいのかのお話です。

筋肉がついている人の方がスリム？

ダイエットと言えばまず筋トレが常識の海外だと、筋肉がついて体重は重くなったけれど、以前よりもスリムになった姿のビフォーアフター画像を上げている方がたくさんいらっしゃいます。こういう現象が起こるのは同じ重さでも筋肉より脂肪の方が体積が多いためで、体脂肪率が高い人は、体重は軽くてもぽっちゃり体型になってしまうケースがあります。

美しくてかっこいい身体とは何なのか？

人間の身体を見て好意的な感情を抱くのは、そこから身体能力の高さを無意識のうちに読み取り、脳が「優秀な個体だ」と判断しているからです。そう感じるのは、ほどよく筋肉があり、引き締まっていて、つまり体脂肪率がいい具合に低い身体です。好みもあると思いますが、男性なら腹筋が割れ、女性は引き締まりつつも丸みを帯びたボディラインを失わないくらいだと思います。

筋トレありとなしのダイエットの違い

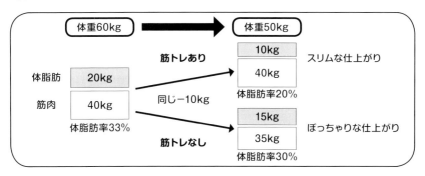

　上の図はダイエットの時に筋トレをしたかしないかで起こる身体の変化を簡略化したものです。筋トレをしない場合、脂肪だけでなく筋肉も多く落ちてしまうことになります。「筋肉も落ちるなら細くなるし最高じゃん？」と思うかもしれませんが、その分、脂肪がついてふっくらした身体になって終わります。そしてリバウンドした時には、もっと体脂肪率が上がって、痩せにくい上に美しくない身体になってしまいます。

ダイエットの本質は
体重を落とすことではなく体脂肪を減らすこと

　食事管理で脂肪を減らし、筋トレで筋肉を維持することで体脂肪率を下げて、引き締まった美しい／かっこいい理想の身体に近づくことができます。この際に体重は定期的にチェックすべきですが、体重のみにとらわれると本質を見失うことがあります。お腹まわりや太もものサイズをメジャーで測ってスリムになっているか確認したり、服を脱いで自撮りして過去の自分より美しく／かっこよくなっているか確認することで、体重のみにとらわれず着実にダイエットやボディメイクをしていくことが可能になります。ぜひ試してみてください。

カラダ作りは食事が10割!! 食事管理のための基本のキホン

体重計はウソをつく!?

毎日体重を測って「昨日割と食べたのに痩せてる!」「カロリー控えてるのに体重が増えてる」といった経験、みなさんあると思います。体重計の正しい使い方や、体重に対する正しい認識を知らなければ、時に奴らはウソをつくことがあるので要注意です。

①ダイエット開始直後に体重がガクッと減るウソ

ちょっと食べなかったり、糖質制限するだけで2kgぐらい体重は落ちます。これは脂肪が減ってるわけではないのです。身体に蓄えられた糖質が水と結びついて存在しており、これがエネルギーとして使われると合計2kgぐらい身体から抜けます。その後、脂肪を減らそうとしても1日あたり100gぐらいしか減らないので、体重減少のペースがゆるやかになります。これを知らないと「ペースダウンした!」と焦ってしまうのです。

②一日にかなり体重が変わるウソ

身体の水分量や食べたもので簡単に1日の体重は1〜2kg変動するため、できるだけ同じ条件で体重を測る必要があります。起きておしっこをした後がおすすめです。昨日よりも脂肪が減っても、水を溜め込んでいたりしてダイエットの効果が見えない場合があります。1日ごとの体重の変化ではなく、1〜4週間の長期的な経過をチェックするのが大事です。特に女性の場合、生理前は水分を溜め込み、生理後は排出するので、4週間ごとの経過チェックがおすすめです。

③体脂肪率のウソ

体脂肪率まで図る体重計がありますが、基本的に適当な数字しか出てきません。メーカーを変えると、10%以上差が出てしまうこともあるので、目安にすらなりません。体重以外の経過チェックはお腹周りのサイズを記録するのが一番いいです。おへその位置でメジャーを使って測り、1〜4週間くらいのサイズの変化をチェックしてみてください。

筋肉ってどうやったらつくの？基礎知識編

そもそもなんで筋トレするの?

①ダイエット中も筋肉を減りにくくする

単に体重を落とすだけでは筋肉も分解されるので、見た目は痩せてても実はぷにぷにの体脂肪率が、筋トレすることで痩せても筋肉を維持し、締まってメリハリのある身体にすることができます。

②筋トレしていない時もカロリー消費

筋トレでダメージを受けた筋肉が休息で超回復を起こす時、筋肉の修復のために寝てる時もエネルギーを消費します。

筋トレで身体に「筋肉は必要だよ」とメッセージを送る

③脂肪分解ホルモンが分泌される

ジョギングなどの有酸素運動では分泌されない、脂肪を分解するホルモンが筋トレだとドバドバ出てダイエットに最適。

④有酸素運動より効率がよい

ダイエットにおいて筋トレはカロリー消費以外にも①〜③の効果があるのでオススメだけど、有酸素運動は基本的にカロリー消費のみなので毎日1時間のジョギングをするのと、ジョギングのぶんのカロリーのご飯を減らすのは同じ…。つまり忙しい人はご飯を抜く方が時間効率がいいんです。

トレーニングは2〜3日おきに、超回復の話

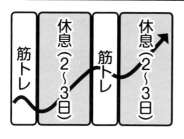

①良い例
　筋トレで一度筋肉にダメージを与えて、十分な休息をとることで矢印で示した筋力が着実にアップし、代謝も増えてダイエット効果もアップ。その姿はまさに瀕死から立ち直ってさらに強くなるサイヤ人！

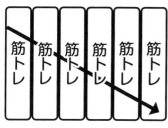

②悪い例
　休息を取らずに毎日筋トレすることで筋力はどんどん下がってガリガリに。その姿はまさに幽霊みたいに貧相で「世界一ハードなトレーニングをする世界一ひ弱な男」と呼ばれたバキの登場人物、ジャック・ハンマー！

③ローテーションを使った良い例
　部位別に分けることで毎日トレーニングできるようにしたものですが、これは中級者以上ではないと効率が落ちてしまうので、初心者はまず①からはじめましょう。

> 2〜3日は休まないと前よりも筋力がアップする「超回復」が起こらないので休んでください！

漸進性過負荷の原則

トレーニングで身体を鍛える時に重要になってくるのが、少しずつ負荷を上げていくことです。同じ重さで同じ回数を毎回やっていても身体は刺激に慣れてしまって、それ以上筋肉が大きくなったり、シェイプが良くなったりすることはありません。毎日学校や会社までの道のりを歩いても脚が太くなったりはしないのと同じことです。

1年間ちゃんと2〜3日おきにトレーニングしてるけど身体が変わってる気がしないぞ…

毎回同じ運動を同じ回数でやっている

ウエイトトレーニングのはじまり

古代ギリシャの競技者が仔牛を毎日かついで歩き、少しずつ仔牛が重くなっていくので、それがちょうど良い負荷の調整になって鍛えられ、いつの間にか大人になった牛をかつげるようになる、というのがウエイトトレーニングのはじまりです。

牛が成長した分強くなる

筋肉ってどうやったらつくの？ 基礎知識編

どうやって負荷を増やすの？

まずは今までやっているトレーニングの回数を増やすことです。1セット5回できていれば、それを6回できるように挑戦してみましょう。その日にできなくても大丈夫。しばらくすると身体がそのトレーニングに適応してできるようになります。

もう一つの負荷の増やし方はトレーニング自体を次のレベルのものにステップアップしていくことです。脚だったら、スクワット→ランジ→ブルガリアンスクワットと楽にできるようになったら、次のトレーニングに移っていきましょう。

よりパワーアップしたり、より良い見た目にするには
「できる限り前よりもきついトレーニングに挑戦すること」です。

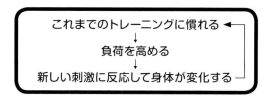

というループを繰り返して、停滞することなく目標の身体にだんだんと近づいていきましょう。

筋肉ってどうやったらつくの？ 基礎知識編

トレーニングメニューの組み方

筋肉を成長させるためには48〜72時間の休養が必要なので、週に2〜3回ほど筋トレをしてもらうのが理想的です。

そして初心者の方は部位ごとに分割して毎日やるよりも、1日で全身を鍛える方が、急な飲み会や外食などの用事が入っても次の日にずらしたりと、スケジュールを変更しやすいのです。

月	火	水	木	金	土	日
全身トレ	休養日	全身トレ	休養日	全身トレ	休養日	休養日

週3回全身トレーニングプラン。トレーニングの日を1〜2日空ければ、自由にカスタムして大丈夫です

全身のトレーニングは一体何をやればよいか？

①脚のトレーニング(スクワット、ランジなど)
②胸のトレーニング(腕立て、ディップスなど)
③背筋上部のトレーニング(タオルローイング、懸垂など)
④背筋下部のトレーニング(バックエクステンションなど)
⑤腹筋のトレーニング(クランチ、レッグレイズなど)

これらを全て行うのが理想です。ちなみにダイエット効果が高い部位の順になっているので、時間がないときは上から順に時間切れまでやるとよいでしょう。ちなみに

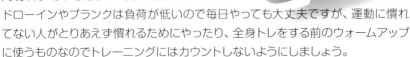

ドローインやプランクは負荷が低いので毎日やっても大丈夫ですが、運動に慣れてない人がとりあえず慣れるためにやったり、全身トレをする前のウォームアップに使うものなのでトレーニングにはカウントしないようにしましょう。

全身のトレーニングは一体何をやればよいか？

・自分ができる限界の回数とセット数で行い、次回は更に限界を超える回数を増やす
・今やってるトレーニングの負荷では目標の回数とセット数が簡単な場合は、さらに負荷の高いトレーニングにチャレンジする(例:スクワット→ランジなど)
これらのポイントをちゃんとできればあなたはトレーニングメニューマスターです！

筋トレ負荷の強さまとめ

トレーニングに効果的な順番

　ずっと同じトレーニングをしていても身体は変化していきません。なので回数を増やしたり負荷を上げていくのが重要なのですが、ここでは負荷の強さをまとめました。優先度は鍛えるべき重要な部位で、ダイエットにもトレーニングにも効果的な順で並んでいます。

優先度① 脚のトレーニング

スクワット(P46) ＜ ランジ(P47) ＜ ブルガリアンスクワット(P65) ＜ ピストルスクワット(P66)

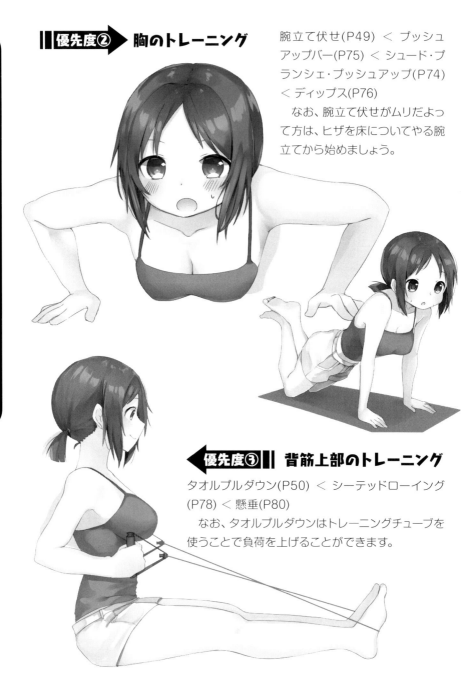

筋肉ってどうやったらつくの？基礎知識編

優先度② 胸のトレーニング

腕立て伏せ(P49) ＜ プッシュアップバー(P75) ＜ シュード・プランシェ・プッシュアップ(P74) ＜ ディップス(P76)

なお、腕立て伏せがムリだよって方は、ヒザを床についてやる腕立てから始めましょう。

優先度③ 背筋上部のトレーニング

タオルプルダウン(P50) ＜ シーテッドローイング(P78) ＜ 懸垂(P80)

なお、タオルプルダウンはトレーニングチューブを使うことで負荷を上げることができます。

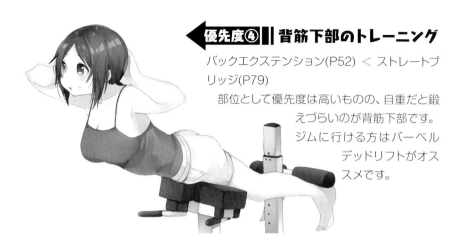

◀優先度④ 背筋下部のトレーニング

バックエクステンション(P52) ＜ ストレートブリッジ(P79)

部位として優先度は高いものの、自重だと鍛えづらいのが背筋下部です。ジムに行ける方はバーベルデッドリフトがオススメです。

優先度⑤▶ 腹筋のトレーニング

クランチ(P92)＝レッグレイズ(P93)＝ニートゥーチェスト(P98) ＜ Vシット(P95) ＜ 腹筋ローラー(P99) ＜ ドラゴンフラッグ(P100)　腹筋を6パックにしたりくびれを作るのに一番重要なのは体脂肪を落とすことなので、腹筋のトレーニングの優先度は低く、お腹まわりをシェイプアップさせたい場合はスクワットが一番有効な運動になります。そしてクランチ、レッグレイズ、ニートゥーチェストの3つの運動はだいたい同じくらいの負荷なので、この中から腰や首に負荷がかからないものを選んでやると良いでしょう。

優先度⑥▶ その他

　お尻や太ももをターゲットにしたファイヤーハイドラント(P68)やドンキーキック(P69)、また肩のパイクプッシュアップ(P102)などは補助的な種目なので、優先度が高いものに慣れてきたら取り入れてみましょう。また、プランク系(P84、P85)やドローイン(P61)は負荷が軽く、体幹やインナーマッスルがメインなので、見た目を変化させる目的であれば普通の筋トレを選んだ方が良いです。ウォーミングアップや運動に慣れていない人が使う場合に適しているのでこの場合に使ってみましょう。

筋肉痛と筋肉の成長は無関係？

筋肉痛が起こるしくみ

色々な説はありますが、筋肉痛が起こるしくみに関してはよく分かっていません。現在有力な説は「運動で傷ついた筋肉を修復しようとして炎症が起こる」という説です。ちなみに以前は乳酸が筋肉痛の原因だと言われていましたが、実は乳酸はエネルギー源として使われていることが判明しています。

筋肉痛が起こりやすい運動

それは「筋肉が引き伸ばされながら力を出す運動」です。これだけを言われてもよくわからないので例を挙げると、階段を降りる時や荷物を下ろす時の動作です。筋トレならば、腕立てで身体を下ろす時の胸の筋肉や、スクワットでしゃがむ時の太ももの前側がこういう状態になっています。

反対に筋肉が縮みながら力を出す場合、例えばアームカールなどの、力こぶをぎゅっと作るような運動だと筋肉痛は起こりにくいです。単に筋肉痛が起こやすい運動を一定以上することで筋肉痛は起こるので、筋肉の成長とは無関係なのです。

筋肉が成長してるかを見分ける正しい方法

　筋肉痛が筋肉の成長と特に関係がないなら、どうやってその成長を見分けるのか。それはトレーニング記録を毎日つけて、1セットの回数が伸びているか、以前よも高い負荷でできているかをチェックすることです。この記録が上がってきている場合は、基本的に筋肉は成長しています。

筋肉痛をやわらげる方法

　筋肉が熱を持ってる場合は冷やしましょう。それ以外は温めて血行を促進するのがオススメです。蒸しタオルやお風呂に浸かるのも良いです。またストレッチやウォーキングなどの軽い運動も血行を促進してくれます。常用は良くないですが、つらい筋肉痛には鎮痛薬や湿布を使うのもアリです。

筋肉ってどうやったらつくの？基礎知識編

ダイエットに有酸素運動は必要？

①有酸素運動は時間効率が悪い

　ダイエットにおける効果のみを考えた場合、筋トレには筋肉を維持したり増やすことで、男性なら男性らしいたくましい身体に、女性なら女性らしいシェイプアップされた美しい身体にする働きがありますが、有酸素運動にはそういった効果はあまりありません。したがってダイエット中の有酸素運動はカロリー消費が目的となります。

　ジョギングを1時間した時のカロリー消費量が約400kcalなのですが、それなら400kcal分のカロリーを食事からマイナスすればジョギング1時間分の効果を一瞬で得ることが出来ます。

食事制限だと秒速で400kcal減らせる！

②有酸素運動は摂取カロリーを増やしてしまう

　「ごはんの量を減らしたくないから、その分ジョギングを！」という意見もあると思いますが、有酸素運動を長く続けている人ほど消費したカロリーよりも100kcal程度多く摂っていたという研究があります。有酸素運動の食欲増進効果により逆に摂取カロリーが増えてしまい ダイエットが上手くいかなくなる可能性が示されています。

③有酸素運動と筋トレはどっちがやせる?

　有酸素運動と筋トレのダイエット効果を比較した研究ですと、1999年の論文が代表的なものになります。
　まず被験者を3つのグループに分けて12週間後の体脂肪が減った量を調べました。

3つのグループ		12週間後に体脂肪が減った量
食事制限のみ	→	6.6kg
食事制眼＋有酸素運動	→	7.0kg
食事制限＋筋トレ	→	9.6kg

　食事制限と筋トレが最も優秀な成績でした。痩せるにはまず有酸素運動だと思われがちですが、筋トレのダイエット効果はスゴいです。

④じゃあ有酸素運動＋筋トレだとどうですか?

　基本的にダイエット中は食事量が少なくなり、身体の回復力がいつもより落ちている状態です。ちゃんと筋トレのメニューが組めていて、そこに有酸素運動を追加した場合、身体の回復が遅れてしまい筋トレの効率が落ちてしまう可能性があります。この結果、美しくかっこいい身体を目指すのに遠回りになってしまいます。
　もし筋トレに有酸素運動を追加したいのであれば、筋トレをしない日にウォーキングなどの低強度の有酸素運動をするのがオススメです。

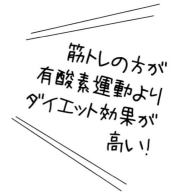

筋トレの方が有酸素運動よりダイエット効果が高い!

筋肉ってどうやったらつくの?基礎知識編

女性も筋トレをするとすぐ太くなるって本当?

結論から言いますと、脚や腕が太くなったり、ムキムキになることはありません。女性は身体に筋肉をつける働きを持つ男性ホルモンの量が少ないので、仮に男性と同じトレーニングをしたとしても、男性のような身体の変化は起こらないのです。「筋トレで脚や腕が太くなった!」と言っているのは、単に体脂肪が増えただけだと思ってもらって大丈夫です。

女性の筋トレは何のために行うの?

女性の場合、筋トレを行うことによりムキムキにはなりませんが、ボディラインが美しくなります。例えばスクワットだとヒップアップ効果があり、脚のラインも綺麗にする効果があります。また、筋トレの時に分泌される成長ホルモンは脂肪分解、アンチエイジング、美肌効果があり、美容にも有効なのです。

筋トレはむしろ身体をスリムにする

ダイエット時に筋トレを併用することで 体重はあまり変わらないのに明らかに細くなっているケースがあります。脂肪よりも筋肉の方が密度が高く、同じ体積なら筋肉が1.2倍ほど重いのですが、そのせいか同じ体重でも体内の筋肉量の比率が多い人の方がスリムに見えます。なので「Okg減った!」と数字だけを追い求めたり「筋トレですぐムキムキになる」という間違った認識をしていると、見た目を良くする、綺麗になるという本来の目的を見失う可能性があるのです。

それでもやっぱり気になる人へ

太ももの前側ではなく、脚を美しく見せやすい太ももの後ろや内側、お尻に効きやすい女性用のトレーニングも用意しました。(P63)

ウォーミングアップ＆ストレッチ

ウォーミングアップ&ストレッチ

ベアースクワット

太ももを ストレッチ する

①四つん這いで爪先立ちになる。この時、ひざは少し地面から浮かせておく

②ひざを伸ばしてお尻を浮かし、「へ」の字になるようにしていく。この時、可能ならかかとを床につける。ひざを曲げて①の体勢に戻る

これをウォーミングアップなどに30回×3セットくらいを目安にやってみてください。この運動はプランク(P84)のように毎日やっても問題ありません

ベアースクワットのベアーは熊のことです

ベアースクワットは負荷が低く、筋トレというよりはウォーミングアップやストレッチのようなもの。メインの筋トレ前に身体をほぐしたり、デスクワークが続いた時にちょっと身体を動かしたい時なんかが適しています。もちろん、今までほとんど運動したことがなく、とりあえず簡単なものをやってみたい人にもオススメです。軽い全身運動と太もものストレッチ効果があり、血行も良くなりますよ。むくみが解消されて太ももを少し引き締める効果も期待できます。

4の字ヒップストレッチ

お尻を やわらかく する

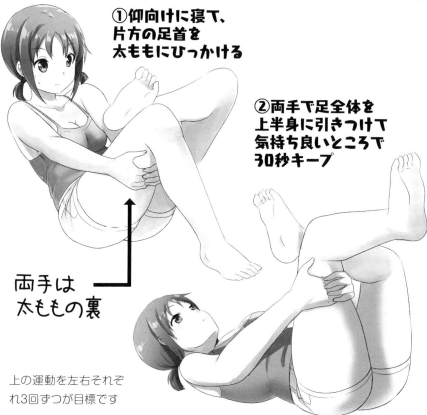

①仰向けに寝て、片方の足首を太ももにひっかける

②両手で足全体を上半身に引きつけて気持ち良いところで30秒キープ

両手は太ももの裏

上の運動を左右それぞれ3回ずつが目標です

太ももの裏や背中以外にも、デスクワークなどで座りっぱなしになることで硬くなりがちなのがお尻の筋肉です。ここが硬くなると、歩いたり走ったり物を持ち上げたりする動作のパフォーマンスが落ちて「はぁ…やりたくない」となってしまうことも。日頃座りっぱなしの自覚がある人はこのストレッチで身体をリセットして日常を快適にしましょう！

太もも前のストレッチ

足の疲れを**寝ながらリセット**

①横になって寝ころぶ

②上側の足の甲をつかんでお尻の方へひっぱり、気持ちいいところで30秒キープする

上の運動を左右それぞれ3回ずつが目標です

> よく歩いたり、立ち仕事だったり、はたまたスポーツの時など、あらゆる状況で前ももは使われます。しかし、使ったままケアをしてあげないと、硬くなって腰痛の原因になったり、日常動作のパフォーマンスを下げてしまうことも。腰のマッサージをして痛みがなくなっても、すぐぶり返してしまう人は前ももが硬いのが原因かも…。横にゴロ寝だけでなくうつぶせでも立っていてもできるので、ぜひやってみて！　筋トレ後にもオススメです。

ウォーミングアップ&ストレッチ

太もも後ろのストレッチ

オフィスの
イスで
できる

①イスやベンチなどに伸ばした片方の足を乗せる

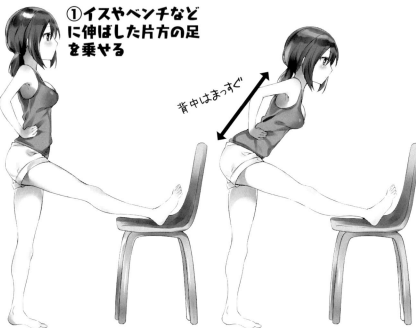
背中はまっすぐ

②背中をまっすぐにしたまま気持ちよく感じるところまで上体を傾けて30秒キープ

上の運動を左右の足それぞれ3回ずつが目標です

①床に座った場合のストレッチ
あぐらの状態から片方の脚を伸ばし、爪先を自分に引き寄せる

②寝ころんだ場合のストレッチ
片方の脚を上げて太ももの後ろをつかんで引き寄せる

太ももの後ろは、デスクワークやテレビ視聴など座って過ごすことが多い現代人にとって硬くなりがちな部分。ここが硬くなると骨盤が正しい位置よりも傾くことで、猫背と腰痛の原因になってしまうことがあります。また姿勢が悪くなることでお腹がぽっこりしてしまうことも…。こうなってしまわないように硬くなった太ももの後ろをやわらかくしていきましょう。イスに座りすぎたのが原因で硬くなったのなら、イスを使ってオフィスでも身体をリセットしてみましょう！

ドアウェイストレッチ

ドアを使って肩こり解消

ウォーミングアップ&ストレッチ

①両脚を前後に開いてドアの前に立ち、上腕で身体を支える

②背中をまっすぐにしたまま上体を前に移動させ、胸と肩が気持ちいいところで30秒キープ

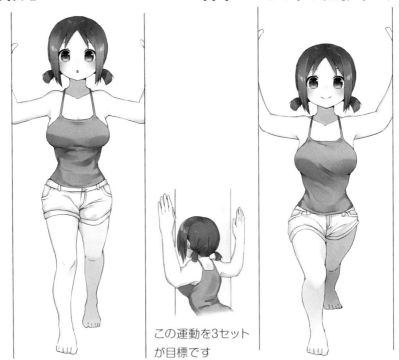

この運動を3セットが目標です

　肩と胸を同時にストレッチできる運動です。胸のストレッチを行うことで肋骨が開き、十分に酸素を取り込むことにより疲労回復やリラックス効果を期待できます。また、姿勢の改善や、肩や首の張りを軽減する効果もあります。ドアさえあればどこでもできるのでぜひやってみて下さいね。

腰ひねりストレッチ

仕事の合間に イスでできる

①背すじを伸ばして姿勢を正す

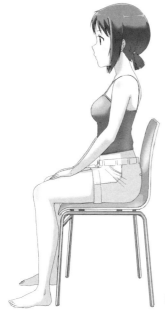

これを左右それぞれ
3回ずつ行って下さい

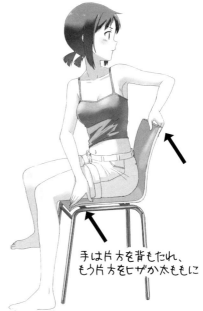

手は片方を背もたれ、
もう片方をヒザか太ももに

②ゆっくりと身体を気持ち良いところまでひねって15秒キープして、元の姿勢に戻り反対側にひねっていく

デスクワークを長い間行っていると次第に猫背になったり、腰が痛くなったりしてきますが、それを予防・改善できるストレッチです。イスの上から動かずにそのままできるので、インドア派のオタクや社畜のあなたにぴったり！　長く座ってコリ固まった身体をこれでリセットしていきましょう。

猫背や腰痛を
リセットしよう

ウォーミングアップ&ストレッチ

レッグスウィング

空いた時間で **脚やせ効果**

①イスやテーブル、壁などに手を添えて 片脚を振り上げる

②前に振り上げた脚を後ろ側に大きく振り上げる

左右の脚それぞれ10往復×3セットが目標です

レッグスウィングで股関節の柔軟性アップ

手軽に空いた時間にどこでもできて、テレビや雑誌を見ながらでも可能な運動です。股関節の柔軟性を高めつつ脚痩せの効果が期待できます。負荷は低めなので運動に慣れていない人やウォームアップにオススメです。慣れたらイスから手を外して、両手を腰に当ててやると負荷がアップしますよ。

まずはこれだけ！簡単筋トレで全身をくまなく鍛える

スクワット

鍛えられるのは…
お尻と太もも

まずはこれだけ！簡単筋トレで全身をくまなく鍛える

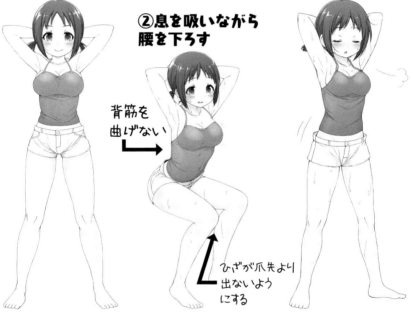

①肩幅か、それより広く立つ

②息を吸いながら腰を下ろす

③立ち上がる時に息を吐く

背筋を曲げない

ひざが爪先より出ないようにする

アニメを見ながらでもOK！

2～3日おきに20～30回×3セット（各セットの間は1分間休憩する）を目標に。普段運動してない人は10回×3セットでもよい

スクワットのダイエット効果は腹筋の数十倍とも言われる上に、5分程度で終わるので、より早く、より手軽に結果を出したい人にオススメ！

ランジ

鍛えられるのは…
太もも、お尻、体幹

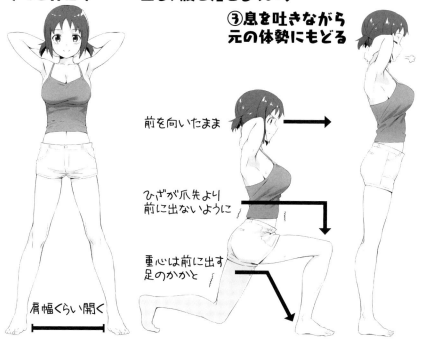

①背すじは運動中ずっと伸ばす

②息を吸いながら片足を1.5歩くらい前に出し、腰を落としていく

③息を吐きながら元の体勢にもどる

前を向いたまま

ひざが爪先より前に出ないように

重心は前に出す足のかかと

肩幅くらい開く

2〜3日おきに左足も右足も20回×3セット(各セットの間は1分休憩)が目標。できない人はできる回数まででOK

　スクワットよりもお尻や太ももの裏に効きやすいランジ。ダイエット効果もやっぱり高く、男性はたくましい太もも、女性は美脚とヒップアップ効果を手に入れられる。スクワット(P46)と並行してもいいし、さらにここから負荷が高いトレーニングに派生するので、絶対に一度はやっておいて欲しいんだ。

まずはこれだけ！簡単筋トレで全身をくまなく鍛える

サイドランジ

鍛えられるのは…
太もも、お尻、内股

①腰に手を当てて肩幅程度に足を開く

②左足を大きく踏み出して①の2倍程度に足を開く

③左足の方に体重を乗せて、ゆっくりと腰を下ろしてから①の体勢に戻る

こちら側の脚がしっかりと伸びているのを意識する

ひざの角度の目安は90度

左右それぞれ20回×3セット(各セットの間は1分休憩)が目標で、自分ができる回数から始めてね！

お尻や太ももだけでなく、なかなか刺激が入りにくい内股の部分まで鍛えられる優秀なトレーニングです。負荷が低めなので初心者にもオススメできますし、スクワット(P46)、ランジ(P47)に飽きて新しい刺激がほしい人にもオススメです。負荷が足りないときはダンベルを使ってもOKです。

腕立て伏せ

鍛えられるのは…
胸と腕

2～3日おきに15回×3セット（各セットの間は1分間休憩する）を目標に。できない人は回数を減らしたり、膝をついてもよい。

①背すじは
ずっとまっすぐ
肩幅より広めに

②息を吸いながら
床ギリギリまで
身体を下ろし
息を吐きながら
腕を伸ばす

③最後は伸ばしきらず
少しだけひじを曲げる

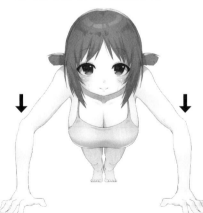

腕立て伏せはたくましい胸と腕を作ったり、引き締めるだけではなく、肩こりにもすごい効果がある。著者は毎日20時間ぐらいゲームをやったりアニメを観てたせいでひどい肩こりだったけど、腕立て伏せを始めて肩こりがゼロになったんだ！

タオルプルダウン

鍛えられるのは…
背筋上部

まずはこれだけ！簡単筋トレで全身をくまなく鍛える

①タオルを両手で持ち、足と手の幅は肩幅より少し広いくらいにする。上体を少し傾け、胸を張り、腰を落とす

②タオルを引っ張りながら、首の後ろあたりまで下ろす。肩甲骨同士を寄せるイメージ

③下ろしたタオルを①の位置まで戻して繰り返し

2〜3日おきに15〜20回×3セット（各セットの間は1分間休憩）が目標。できない人は自分ができる回数まででOK

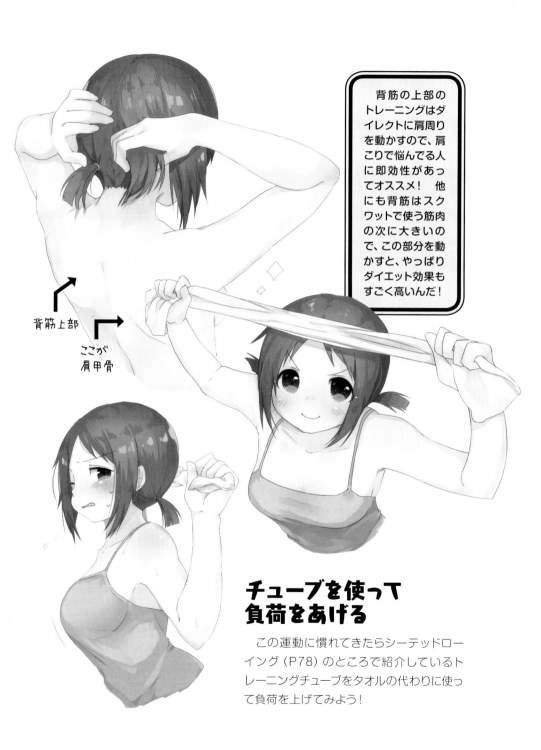

まずはこれだけ！簡単筋トレで全身をくまなく鍛える

バックエクステンション

鍛えられるのは…
背筋下部

① うつぶせになって耳の横に手をそえる

② 息を吐きながら上体をそらして背筋がぎゅっとしまるところで息を止めて1秒間静止する

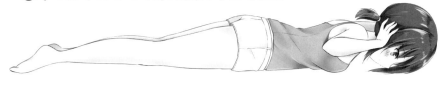

③ 息を吸いながら元の状態に戻る

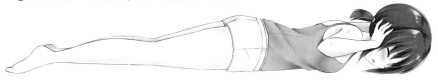

　運動中の視線は下じゃなくて前。アゴは絶対に突き出しちゃダメ！　2〜3日おきに20〜30回×3セット（各セットの間は1分間休憩）が目標で、できない場合は5〜10回から始めてね

> 背筋を鍛えるのは天然のコルセットを手に入れるようなもので、姿勢がよくなって猫背などが改善するし、ウエストは背中側も含めてウエストなので、おなか周りをひきしめるのにも効果的なんだ。

高強度な時短トレで筋肉は落とさずに脂肪燃焼を狙え

マウンテンクライマー

筋トレと有酸素運動 **夢の融合**

高強度な時短トレで筋肉は落とさずに脂肪燃焼を狙え

① 手を肩幅程度に開き、腕立て伏せのポーズをとる

② 片方のひざを胸に引きつける。余裕がある人はひざをより胸に引きつけると負荷が上がります

③ すばやく左右の足を入れ替えてこれを繰り返す。その場で足踏みをしたり、自転車をこいでいるような動きです

この運動は回数ではなく時間で行います。30秒運動した後に30秒休憩×4～5セットを目安に、無理な場合は時間を少なくしたり、セット数を減らしてやってみてね。また、運動中にお尻を上げたり身体を弾ませると効果が落ちるので、身体を常に一直線に保つのを意識してくださいね

①正しいフォーム

一直線

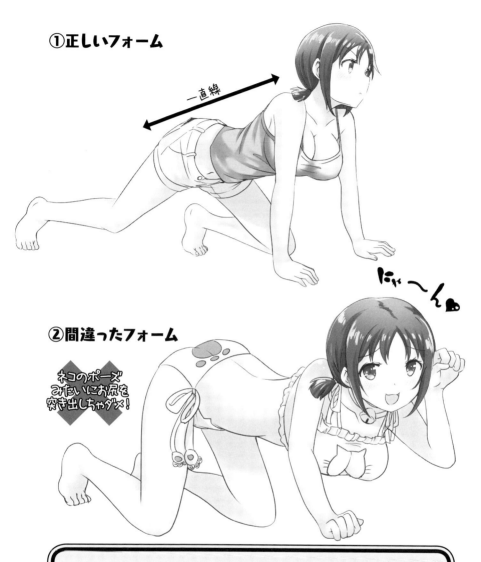

にゃ〜ん

②間違ったフォーム

ネコのポーズ
みたいにお尻を
突き出しちゃダメ！

> マウンテンクライマーは筋トレと有酸素運動の良いとこどり！ 5分以下で終わるのにカロリー消費＆脂肪燃焼効果が非常に高いです。マウンテンクライマーのような強度が高い有酸素運動だと、ジョギングなどと違って筋肉量を維持できるので、体脂肪を効率的に落とすことができる。普通に筋トレができない忙しい日なんかにオススメ。もちろん有酸素メインの人が雨でジョギングに行けない日にも向いています。

高強度な時短トレで筋肉は落とさずに脂肪燃焼を狙え

バーピージャンプ

筋トレと有酸素運動 夢の融合

① 両足を軽く開いて立つ

② しゃがんで両手を床につける

③ 足をぴょんと跳ねるように後ろに伸ばして腕立ての体勢になる

④ 1回腕立てをする

⑤ 再びぴょんと跳ねるようにしゃがんだ姿勢に

⑥ 立ち上がりながらジャンプする。着地したら①に戻る

この運動は回数じゃなくて時間でやります。「30秒この動きを繰り返した後に、30秒休憩」×4〜5セットが目標で、無理な場合は時間やセット数を減らしてやってみてね！

5分以下で終わるのにカロリー消費と脂肪燃焼効果が高く、通常の有酸素運動よりも筋肉量を維持できるので、効率よく体脂肪を落とせます。畳1枚分のスペースさえあればできるし、短時間で全身をトレーニングできるので、忙しくて筋トレができない日なんかにやるのがオススメだ！

運動が苦手な人向けの、いつでもどこでもできる楽勝すぎるトレーニング

運動が苦手な人向けの、楽勝すぎるトレーニング

フィンガープル

鍛えられるのは **背筋上部**

①両手の4本の指を曲げて上下に組みながら引き合う

②引き合ったまま右側へ2秒、左側へ2秒ほどかけて平行移動させる

③肩こりに悩まされてる人にもオススメ！

左右交互に往復10回くらいやってみて下さいね

　負荷が軽く、運動不足の人に向いた背筋上部のトレーニングです。背筋を鍛えるメリットは男性だと逆三角形のたくましい身体を作ることができ、女性だと背筋を鍛えることにより、わき下の部分を引き締めつつウエストのくびれを強調してくれる効果があります。また、男女とも背筋をピンと伸ばすことが可能になるので姿勢がよくなり、お腹のぽっこりが改善します。さらに背中の血行を良くして肩こりを解消してくれるメリットも！　この運動に慣れたら、タオルプルダウン(P50)や、トレーニングチューブを使ってシーテッドローイング(P78)にステップアップしてみましょう

カーフレイズ

鍛えられるのは **ふくらはぎ**

①壁や台などに手を添えて立つ。バランスをとるだけなので寄りかからない

15回×3セット(各セットの間は1分休憩)が目標で自分ができる回数から始めてね

> 第2の心臓とも言われる重要な部位のふくらはぎを鍛える運動です。ここを筋トレすることで血行が良くなり、冷え性を改善したり、むくみを解消してほっそりさせることも可能です。立ち仕事の合間などでもできるので、コピー機の前でやったりと時間や場所を選びません。自重のみの運動に慣れたら家でダンベルを持って負荷を上げてみましょう!

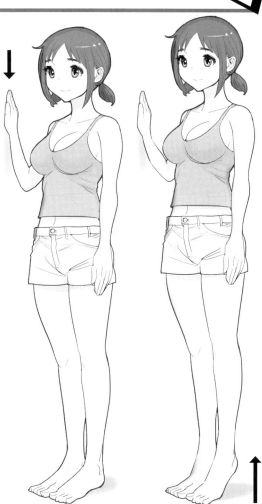

②かかとを上げ、ゆっくり爪先立ちになり1秒静止。かかとをゆっくり下げて地面ぎりぎりのところで止めて、また上げてゆく

運動が苦手な人向けの、楽勝すぎるトレーニング

パームプレス

鍛えられるのは
胸

①胸の前で手を合わせて、両方の手を強く押し合う

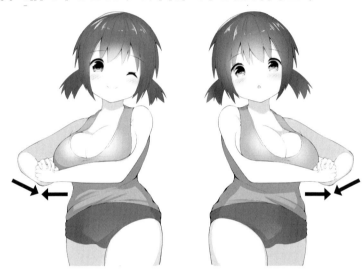

これを左右交互に10回くらいやってみて下さいね

②両手を押し合ったまま右側へ2秒、左側へ2秒ほどかけて平行移動させる

③慣れたら次はひざつき腕立て！

場所を選ばず手軽にできる、運動不足の人向けの負荷が軽いトレーニングです。胸は大きい筋肉なので、ここを使うことでダイエット効果が非常に高いです。また、男性ならたくましい胸板を作るのに欠かせず、女性ならバストアップの効果が期待できます。電車の中、立ち仕事中、テレビを見ながらなど色々な状況で使えます。慣れたらひざをついての腕立てにチャレンジしてみましょう。

ドローイン

日常のあらゆる場所がジムになる

①背すじをまっすぐにして鼻から息を吸いながらお腹をふくらませていく

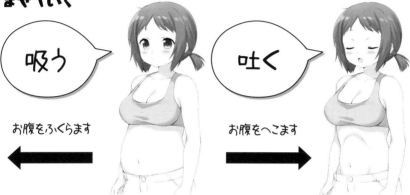

吸う　　　吐く

お腹をふくらます　　　お腹をへこます

②背すじをキープしながら口から息を吐き、お腹をへこましていく。お腹をへこませた状態のままをキープする。この時、呼吸はとめないで続ける。

③ドローインでいつでもどこでも「きゅっ♥」とウエストを引き締めよう!

最初は10秒ぐらいから慣れてきたら30秒〜1分くらい続けてみてね。ドローインは座っててもできるので、そちらも試してみてね

運動が苦手な人向けの、楽勝すぎるトレーニング

インナーマッスルを鍛えるドローイン。これも体幹トレーニングの一種で、負荷も低いので毎日やっても大丈夫です。そして特筆すべきなのがいつでもできること！　信号待ちや、電車で次の駅に着くまでの間、上司や先生のお説教が終わらない時などのあらゆる時間をトレーニングに変えられます。時間がなくてトレーニングがあまりできない人や、まず軽い負荷のものから始めたい人にオススメです。ちなみにこの運動の効果ですが、インナーマッスルを鍛えるのでウエストにコルセットをはめたようになり、ぽっこりお腹の解消、姿勢改善、腰痛改善などの効果があります。ここからステップアップする場合はクランチ(P92)やレッグレイズ(P93)を試しましょう。

お尻と太ももを鍛えれば代謝アップ確実！

お尻と太ももを鍛えれば代謝アップ確実！

スモウスクワット

鍛えられるのは…
お尻と太もも

① 足を肩幅の2倍程度に開く

② 軽く胸を張って背中をまっすぐにしたまま、太ももと地面が平行になるくらいまでしゃがむ。その後、ゆっくりと腰を上げて①の姿勢に戻っていく

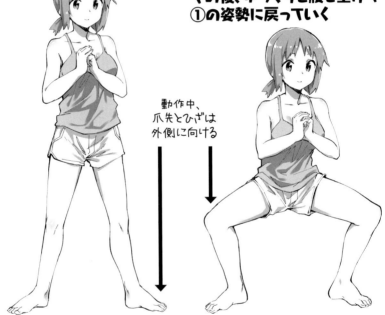

動作中、爪先とひざは外側に向ける

2～3日おきに30回×3セット(各セットの間は1分休憩)が目標で、自分ができる回数から始めてね！

足の幅を普通のスクワットよりも広くすることで、よりお尻と内ももに効かせやすくするスクワットです。海外の女性の間ではヒップアップに効果が高いということで大流行していますし、太ももの引き締め効果も期待できます。負荷が足りない時はダンベルなどを持ってやってみましょう。

ブルガリアン スクワット

鍛えられるのは…
太もも、お尻、体幹

2～3日おきに左右10回×3セット(各セットの間は1分休憩)が目標。

①ひざ下くらいのイスか台を用意し、そこから一歩先の場所で片方の足の甲か爪先を台に乗せる

②ひざの角度が90°くらいになるところまでゆっくりと腰を落とす。また①の体勢に戻る

ずっと重心は前の足のかかと

ひざが爪先より前に出ないようにする

　スクワット(P46)やランジ(P47)では物足りなくなってきた人に送る、さらに負荷の高いトレーニング。もちろんこちらの方がダイエット効果や、美脚、ヒップアップ効果も高いんだ。最初はバランスをとるのが難しいかも知れないけど、正しいフォームを身につけるまで何かにつかまってやってもOKだよ。

ピストルスクワット

鍛えられるのは…
太ももとお尻

お尻と太ももを鍛えれば代謝アップ確実!

①足を肩幅程度に開き、そこから片足立ちになり、バランスをとるために両手を前に出す

②片足のままスクワットのようにゆっくりとしゃがみこんで立ち上がる

片足あたり10回×3セット(各セット間は1分休憩)が目標で、できる回数から始めてね

ふらふらしちゃう時は
イスの前でピストルスクワット
に挑戦してみよう！

　自重でできるスクワットで最強のピストルスクワット。最初はバランスのとり方が難しくて、1回やるのもつらいかも知れないけど、転んでも大丈夫なようにイスを置いて座るギリギリのとこまでお尻を下ろしたり、壁や手すりにつかまったりして練習してみてね。ピストルスクワットまでできたら、あなたは強靭で美しい脚を手に入れたスクワットマスターだ！

お尻と太ももを鍛えれば代謝アップ確実！

ファイヤーハイドラント

鍛えられるのは…
お尻

① 手とひざを床について四つん這いになる

手は肩幅に開いて肩の真下にくるように

ひざは90°

② ひざを曲げたままできるだけ高い所まで上げて1秒停止。ゆっくりと①の姿勢に戻ってくり返し

お尻をキュッと締めるような意識で上げる

2～3日おきに左右の足それぞれ20回×3セット(各セットの間は1分休憩)が目標で、自分ができる回数からチャレンジしてみてね！

ファイヤーハイドラントはどちらかと言えば女性向けのトレーニングです。比較的負荷は低めなので、あまり筋トレの経験がない女性も始めやすいですし、お尻と太ももの外側を重点的に鍛えられるので、キュッと締まったヒップラインを作るのに効果的です。もちろん「俺もきれいなヒップラインを作りたいし…」という男性にも効果的なので、お尻美人、お尻美男子を目指す方はぜひこのトレーニングを取り入れてください。

ドンキーキック

鍛えられるのは… **お尻**

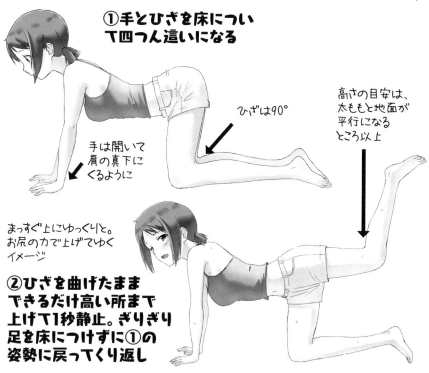

①手とひざを床についてよつん這いになる

ひざは90°

手は開いて肩の真下にくるように

高さの目安は、太ももと地面が平行になるところ以上

まっすぐ上にゆっくりと。お尻の力で上げてゆくイメージ

②ひざを曲げたままできるだけ高い所まで上げて1秒静止。ぎりぎり足を床につけずに①の姿勢に戻ってくり返し

2〜3日おきに左右の足それぞれ20回×3セット(各セットの間は1分休憩)が目標で、自分ができる回数からチャレンジしてみてね！

ファイヤーハイドラントがお尻と太ももの外側を鍛えるのに対し、ドンキーキックはお尻のメイン部分と太ももに対し効果が高いトレーニングです。こちらも負荷は低めなので、筋トレ経験のない女性にオススメです。ググッと上がったお尻をこれでゲットしましょう。ちなみにひざを曲げずに足をまっすぐ伸ばしてドンキーキックを行うと負荷が上がるので、より上を目指す方は試してみて下さい。

お尻と太ももを鍛えれば代謝アップ確実！

ヒップ・アブダクション

鍛えられるのは…
お尻

① 横向きに寝て、ひじをつく。この時、バランスがとりづらい場合は下の脚を少し曲げる

② 上側の脚を上がるところまで上げてゆき、そこで1秒止めてから、ゆっくり下ろして①の状態に戻ってゆく

ゴロ寝してドラマやアニメを観ながらでもできる運動です。このトレーニングでは、スクワットだけでは鍛えづらい中殿筋と小殿筋という部分を鍛えることができ、お尻の形を整えてヒップアップの効果が期待できます。テレビでも観ながらゴロ寝して脚を上げるだけでみるみる美尻になってしまうかも？　ベッドに入って寝る前に少しやる運動にも向いてますよ。

2〜3日おきに15回×3セット（各セットの間は1分休憩）が目標で、自分ができる回数から始めてね

ライイング・アダクション

鍛えられるのは…
太ももの内側

①横向きに寝て、ひじをつく。この時、上の脚は下の脚をまたぐように立てる

②下の脚を伸ばしたままゆっくりと上げて1秒止める。地面にぎりぎりつかない所まで下ろして繰り返し

2～3日おきに15回×3セット(各セットの間は1分休憩)が目標で、自分ができる回数からやってみてね

　ゴロ寝している時に最適な筋トレです。内転筋という他の筋トレではあまり鍛えられない、太ももの内側の部位を鍛えてくれます。ここを鍛えるとO脚の改善や下腹ぽっこりの解消にも役立ちます。ドラマやアニメを全話観終わって、気付いたら太ももとウエストが引き締まっているということも？　ちなみに負荷を上げる場合はアンクルウエイトという足首につける重りを使ったり、トレーニングチューブを机の足などに固定して足に結び、その足を内側に引っぱることで、よりトレーニングの強度が高まります。

増量のやり方

増量が必要なのは「ガリガリなので筋肉をつけたい」「ダイエットに成功はしたけどもう少し筋肉が欲しい」という人です。女性でも「減量は成功したけど、もう少しお尻のボリュームが欲しいな」という場合には増量する必要があります。一部の例外を除いて筋肉を増やす場合はオーバーカロリー状態でなければ増えていかないので、減量と増量を繰り返すことにより、理想の体型に近づいていくことになります。

ちなみに減量や増量を切り替えるタイミングですが、男性だと体脂肪率10～15%、女性だと17～22%ぐらいの間で減量と増量を繰り返すのが一番筋肉が付きやすくて効率が良いです。

増量期の食事管理① カロリー

オーバーカロリー状態にして筋肉を増やす必要があるので、TDEEに+20%します。TDEE2000kcalの人は「2000kcal×1.2=2400kcal」になります。

増量期の食事管理① 3大栄養素

タンパク質	体重×1.5～2g
脂質	体重×0.6～1g
炭水化物	残り全部のカロリー

※炭水化物の計算方法はP109をご覧ください

右の表は減量中も使った理想的な比率ですが、増量中も特に変化することはありません。これにプラスして炭水化物を摂るのが増量の基本になってきます。カロリーが増えたぶんをタンパク質にしたい場合は、タンパク質を体重×3gなどにしてもいいですが、必ず炭水化物は減量中よりも多く摂ってください。

増量期のトレーニング

増量期になるとトレーニングメニューを変えなければならないと思う人も多いですが、これも減量期と同じように、トレーニングメニューの組み方(P26)を参考に実行してもらえば問題ありません。増量期は身体の回復も早くなり、トレーニング記録も伸びていくので、楽しくトレーニングできると思います。

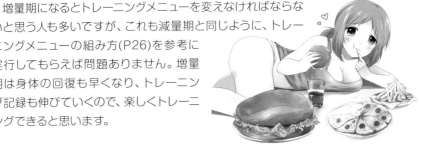

お尻と太ももを鍛えれば代謝アップ確実！

胸を鍛えて
男性は厚い胸板
女性は上向きバストに！

胸を鍛えて男性は厚い胸板、女性は上向きバストに！

シュード・プランシェ・プッシュアップ

鍛えられるのは…
腕と上半身

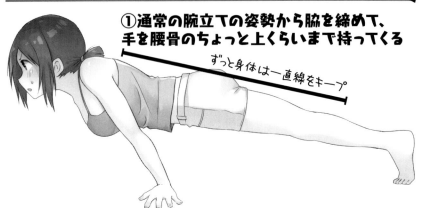

① 通常の腕立ての姿勢から脇を締めて、手を腰骨のちょっと上くらいまで持ってくる

ずっと身体は一直線をキープ

② 息を吸いながら身体をぎりぎりまで落とし、息を吐きながら①の体勢に戻る

2〜3日おきに10×3セット(各セットの間は1分休憩)が目標だけど、できなかったら1回からでもチャレンジしてみてね

腕立て伏せ(P49)を「こんなの楽勝やろ」とやれちゃう人への新たな負荷の高いトレーニング。ダイエット効果もより高くなるし、目立ちやすい胸板を作ったり、女性ならバストアップの効果も高まるんだ。きついかもだけど、やってみてね。

上から見た手の位置

プッシュアップバー

腕立て伏せの**効果を加速**

　プッシュアップバーは1000円前後で買える割にはかなり効果が高いグッズで「負荷を高めることができて、より大胸筋に効かせられる」「手首の負荷が通常の腕立て伏せより軽くなる」というメリットがあります。ディップス(P76)>シュード・プランシェ・プッシュアップ(P74)>プッシュアップバー>腕立て伏せ(P49)という感じの負荷になっているので、普通の腕立てからステップアップしたい方にオススメです。

①オーソドックスな使い方は肩幅より広めくらいに「ハ」の字になるように、位置は胸の横辺りに置いて腕立てをしていきます

②さらに負荷を高める場合は、足を台の上に置いて、より体重がかかるような体勢で腕立てしていきます

2〜3日おきに15回×3セット(各セットの間は1分休憩)を目標にしてみてね

　プッシュアップバーの選び方ですが、構造が単純なのであまり違いがありません。Amazonやドンキでデザインが気に入ったり安かったり、評判が良いものを買いましょう。腕立ての効率が上がるので、男性はたくましい胸板、女性はバストアップ効果がのぞめます。また、プッシュアップバーでの腕立てが楽勝になっても、さらにハードな別のトレーニングに使う事ができるので、ムダになりにくくオススメの筋トレグッズです。

胸を鍛えて男性は厚い胸板、女性は上向きバストに!

ディップス

鍛えられるのは…
胸の下部

① 平行棒やイスを2つ置いて、両手のみで体を支えます。この時に足を交差させて少し前傾します

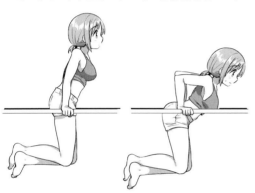

② ゆっくりとひじを曲げて身体を落として、ひじの角度が90°になるところまで曲げていきます。その後、前傾を保ちながらゆっくりと元の姿勢に戻ります。運動の間はきちんと大胸筋に効いているか意識しましょう

③ イスや机を2つ使うことで自宅でのディップスが可能(倒れてケガをしないように、しっかりと家具を固定できているか確認しましょう)

2～3日おきに10×3セット(各セットの間は1分休憩)が目標で、できる回数から少しずつチャレンジしてみてください。

> ディップスは大胸筋の中でも大胸筋の下部に効果が高いトレーニング。でも、上半身の腕や肩など色々な筋肉を使うので、上半身をバランスよく鍛えたり、引き締めたい時にオススメだ。男性ならたくましい胸板を手に入れ、女性ならバストアップ効果がある上に、二の腕の部分を引き締める効果もある。負荷は高めだけど、その分効果も高いのでイチオシの種目です。ぜひやってみて下さい!

逆三角形の背中とくびれを作る

逆三角形の背中とくびれを作る

シーテッド ローイング

鍛えられるのは…
背筋上部

なかなか自宅でのトレーニングだと鍛えにくい背筋上部ですが、チューブを使うことでしっかりと刺激を入れていくことができます。値段も500円～2000円ほどでAmazonやドンキホーテなどですぐ手に入りますし、色々なトレーニングに使えますので、持っておくと便利です。チューブの強さに種類がありますが、今の自分がきついと思えるような強度のものを選ぶようにして下さい

①座って足を伸ばし足の裏にチューブをひっかけ手で両端を持つ

2～3日おきに10～20回×3セット(各セットの間は1分休憩)が目標で、20回楽勝ならチューブの強度を上げてみてね

②肩甲骨を寄せながらひじを曲げてチューブを引き、手がみぞおちあたりに来たら1秒止めて元の姿勢に戻る

背筋上部を鍛えるメリットは、肩こりの解消だけではなく、男性は逆三角形の身体のシェイプを作ったり、女性は背中をトレーニングすることで背中から腰にかけてのラインが変化してくびれを強調する効果もあるんだ。この運動でかっこいい後ろ姿を作っていこう!

ストレートブリッジ

鍛えられるのは…
背筋下部

2〜3日おきに20回×3セット(各セットの間は1分休憩)が目標で、できない時は少ない回数から始めてね

①足は肩幅程度に開き、手は腰の少し後ろに置く

②身体が一直線になるところまで持ち上げて1秒静止 また①の体勢に戻る

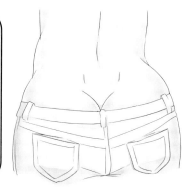

　パソコンやテレビの前でずっと前かがみ、そんな感じで姿勢が悪くなってる人は多いはず。ブリッジという、前かがみとは逆の動きをすることで姿勢もよくなるし、腰痛の改善効果もある。さらに後ろ姿のボディラインを美しくする作用もあるんだ。子供のころはブリッジ状態で歩けたけど今はできない人はたくさんいるはず。その頃のキレのある状態に戻れるようがんばってみよう!

逆三角形の背中とくびれを作る

鍛えられるのは…
背筋上部と腕

①肩幅より拳1つ分くらい広めの手幅で棒を握る。この時、足をディップスのように組んでおくと、身体がぶれにくくなり、背中に効かせやすくなります

②ひじを腰にぶつけるようなイメージで身体を引き上げていき、あごが棒の上に来るぐらいまでしっかり身体を上げます。その後、ゆっくりと身体を下げて最初の姿勢に戻ります

③懸垂が1回もできない人は足をつけてやる斜め懸垂から始めるのもオススメです

2～3日おきに10回×3セット（各セットの間は1分休憩）が目標で、自分でできる回数から始めてね

懸垂ができない人は、逆手で握って手幅を狭くすると少し楽になるので、このやり方から始めましょう。もしくはジャンプであごが棒の上に来るところまで身体を上げて、それからゆっくりと身体を下ろしていく運動を10回×3セットから始めることで、そのうち懸垂ができるようになります。また、公園の鉄棒以外にもチンニングスタンドやドアにつける器具を使うことで、自宅でも懸垂が可能です。ディップス（P76）と一緒に行うことで上半身をまんべんなく鍛えられてオススメです。

二の腕のぷにぷにを引き締めたい!

ベンチディップス

鍛えられるのは… 二の腕

二の腕のぷにぷにを引き締めたい！

2〜3日おきに20回×3セット(各セットの間は1分休憩)が目標で、自分ができる回数から始めてね！

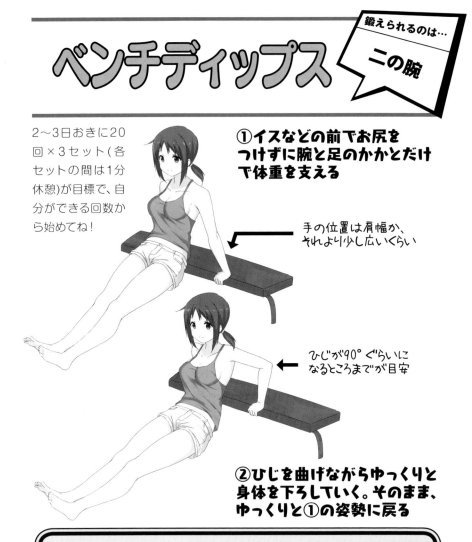

① イスなどの前下でお尻をつけずに腕と足のかかとだけで体重を支える

← 手の位置は肩幅か、それより少し広いくらい

← ひじが90°ぐらいになるところまでが目安

② ひじを曲げながらゆっくりと身体を下ろしていく。そのまま、ゆっくりと①の姿勢に戻る

　女性であれば二の腕を引き締め、男性であればたくましい腕を作る、上腕三頭筋という部位の自重トレーニングです。イスやベンチ、ベッドなどがあればどこでもできてお手軽です。この運動が1回もできない人はひざを曲げて、足の裏全体を地面につけるフォームだと負荷が下がります。逆に物足りない人は足を台の上に乗せたり、ダンベルやプレートを足の付け根あたりに乗せると負荷が上がります。また、普通のディップス(P76)に移行するのもおすすめです。

体幹＋腹筋を鍛える

体幹＋腹筋を鍛える

プランク

鍛えられるのは…
体幹と腹筋

爪先を立てて前腕を床につけ、おなかに
力を入れながら身体のラインを
一直線にして姿勢を維持する

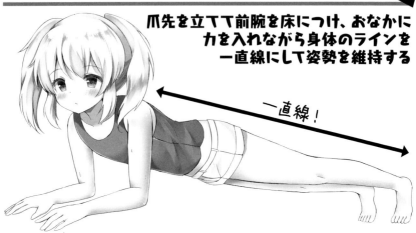
一直線！

目標は60秒を1〜3セットで、できなければ20秒からスタート。プランクは毎日やっても大丈夫。

毎日できてすぐに終わるので、運動習慣をつけるのにちょうどいいし、床にスマホを置いて動画を見ながらやってもいい。動画を見ながらお腹回りをひきしめよう！

プランクとは『板』という意味なんだよ
（身体を板のように一直線にするから）

凹凸のない
一直線のボディ
まさに板…！
(わかってない)

サイドプランク

鍛えられるのは…
脇腹

①基本形
足首、ひざ、腰、肩まで
一直線にして姿勢をキープ

一直線！

②さらに負荷を高めた形
基本形が1分余裕なら
片足を上げてキープ

負荷を軽くした形
基本形がキツい人は
ひざをついてやって
みよう

ひじが痛くなる人は
前腕全体で支えてみよう

まずは30秒をキープ×左右3セット（各セットの間は1分休憩）から始めてみよう！

> プランクは色々と利点があるけど、このサイドプランクは特にくびれや美しい腹筋を作る脇腹の引き締め効果が高いんだ。比較的運動の強度は低めなので、筋トレは無理な人が運動習慣をつけるためにとりあえず行うもよし、ウォームアップに行うもよし。毎日行ってもいいので、空いた時間にやって有効活用してみよう。

体幹＋腹筋を鍛える

スパイダープランク

鍛えられるのは…
脇腹＋お尻や脚

①プランク（P84）の姿勢をとる

身体は一直線

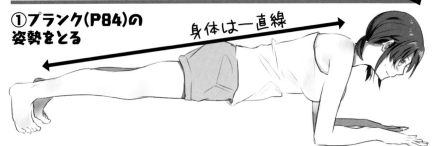

②片脚を外側に曲げて、同じ側のひじに当たるくらいまで近づけて1秒止める。（脚をひじにつけるのがムリな場合は自分ができるところまででOK）。そのまま曲げた脚を元の状態にして、反対の脚を曲げていく。また脚を曲げる時は床につかないように注意

> スパイダープランクは普通のプランクよりも脇腹を引き締める効果が高く、たるんだお腹まわりをすっきりさせたり、くびれを作るのに適した体幹トレーニングなんだ。また、下半身も動かすので、こちらにもばっちり効果アリ。壁にへばりついたスパイダーマンになった気分でやってみよう！

片脚あたり10回×3セット（各セットの間は1分休憩）を目安に自分の力量に合わせて数を調整してみてね

ヒップフロート

鍛えられるのは…お腹周り

①イスに浅めに座り、端の部分を手でつかむ

②お腹に力を入れながらお尻を浮かせてキープ

背すじはまっすぐ

上体を少し傾けるとバランスが取りやすい

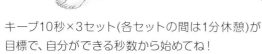

キープ10秒×3セット(各セットの間は1分休憩)が目標で、自分ができる秒数から始めてね！

この運動がきつい場合は爪先をつけてお尻を浮かせよう

お腹周りを鍛えてくれる体幹トレーニングで、見た目とは裏腹にけっこうハードな運動です。イスさえあれば、家だろうが、オフィスだろうが、公園のベンチだろうが、あらゆる所でごくわずかなすき間時間を有効活用できるので、忙しい人や、なかなかトレーニングのやる気が出ない時なんかにオススメです。お尻を浮かせる時は腕の力だけでなく、お腹を使って上げることを意識するのが効かせるコツです。

体幹＋腹筋を鍛える

シングルレッグ デットリフト

鍛えられるのは…
体幹、お尻、太もも

①片足でバランスをとって立つ

②両手を床の方に伸ばしながら、ゆっくりと身体を前に傾ける。ゆっくりと①の姿勢に戻り、その際上げた片足を床につけない

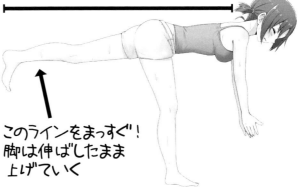

このラインをまっすぐ！
脚は伸ばしたまま上げていく

2〜3日おきに左右の脚それぞれ10回×3セット(各セットの間は1分休憩)が目標で、自分ができる回数からやってみてね！

筋トレしつつ体幹も強化できるという1粒で2度おいしいトレーニングです。主にお尻や太ももに効くので、男性ならたくましい下半身、女性なら美しいヒップ〜太もものラインを手に入れつつインナーマッスルも鍛えられるというすぐれもの！　負荷が足りない場合は両手にダンベルを持ってやってみて下さい！

やっぱりバキバキの腹筋をつくりたい！

やっぱりバキバキの腹筋をつくりたい！

腹筋はどうすれば割れますか？

「腹筋は誰でも割れている。だから後は皮下脂肪を落とすだけでいい」といった話を聞くことがあります。確かに腹筋の構造を見てみると、誰でも割れているのは本当です。

腹直筋
白線
腱画

みなさんが鍛えたいと思っている腹筋は「腹直筋」という名前で、上に「白線」という縦に走る線と「腱画」という横に走る線があるので、6パックや8パックに分かれているのです。フェンスの網にぎゅっとお腹を押し付けると、太った人でもお腹が割れるようなイメージです。

男性なら体脂肪率15%ぐらいからうっすらと腹筋の上部が割れてきて、女性ならば20%ぐらいからうっすらと腹筋の形が分かるようになってきます。そこから体脂肪率を下げていくことではっきりくっきりと腹筋が浮き出てくるのですが、いくら体脂肪率を下げても腹筋の形があまり目立ってこない人がいます。そういう人はいったい何が理由なのかと言うと…筋肉量が不足しているのです。
　つまり腹筋をバキッと割るには体脂肪率を下げるのと同時に、腹直筋のボリュームも重要になってくるのです。

　ちなみにこれは昔の著者の話なのですが、「腹筋だけ割れればいいし、腹筋だけやろw」と愚かなことをしていました。いくら腹筋をしても部分痩せなんてできないですし、体脂肪率20%ぐらいだったのに食事も見直さなかったのです。当然腹筋は微動だにせず、そのままやる気を失ってトレーニングをやめてしまいました。
　みなさんにはこういう遠回りをせずに最短距離で割れた腹筋をぜひ手に入れて欲しいです。腹筋のボリュームを上げつつ、全身の筋トレとカロリー管理でバキバキの腹筋をゲットしていきましょう。

やっぱりバキバキの腹筋をつくりたい！

クランチ

鍛えられるのは…
腹筋上部

目標は2～3日おきに30回×3セット（各セットの間は1分間休憩する）。できなければ5～10回×3セットでもOK！

①両手は顔にそえるだけ
背中は地面につける

②ヘソをのぞきこむイメージ
息を吐きながら身体を折り曲げる

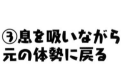

③息を吸いながら元の体勢に戻る

腹筋をバキバキに割りたい人にオススメ！　体脂肪率15％以下になると腹筋が割れてくるけど、全く腹筋を鍛えていないと6パックはムズかしい。スクワットや腕立てで体脂肪を落としつつ腹筋をやることで、あこがれの6パックを手に入れよう！

レッグレイズ

鍛えられるのは…
腹筋下部

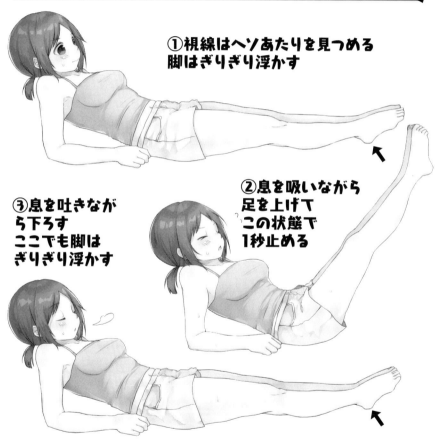

①視線はヘソあたりを見つめる 脚はぎりぎり浮かす

②息を吸いながら足を上げてこの状態で1秒止める

③息を吐きながら下ろす ここでも脚はぎりぎり浮かす

2〜3日おきに20〜30回×3セット（各セットの間は1分休憩）が目標。無理な人は5回とか10回から始めてね

下腹部を引き締めたい人やバランスが良くて美しい6パックを作りたい人にオススメ！ 体幹も鍛えられて運動機能もアップ！

ツイストクランチ

鍛えられるのは…脇腹

やっぱりバキバキの腹筋をつくりたい!

①ひざを立てて仰向けに寝て、手は耳の後ろに添える ひざの角度は90°

ツイストクランチを連続してする時の足の動きは自転車をこいでいるようなイメージ。2～3日おきに左右20回×3セット(各セットの間は1分休憩)が目標。これもできる回数から始めてね。

②右足のひざと左腕のひじをくっつける感じでぐっと上体を起こし、左足は伸ばす

③反対側も同じようにする

脇腹を鍛えるとボディラインが引き締まって見える効果があり、女性であれば美しいくびれ、男性も迫力のある腹筋を手に入れることができる。上部、下部ときて腹筋の最後のステージ、脇腹を攻略して筋肉包囲網を完成させよう!

Vシット

鍛えられるのは…
腹筋上部と下部

①バンザイの姿勢で仰向けになる

2〜3日おきに20回×3セット（各セットの間は1分休憩）が目標で、できない時は少ない回数から始めてね

②おヘソを見るようなイメージの視線で身体をV字に折りたたみ、息を吐きながら手で爪先や足首にタッチして1秒静止する。そのまま元の体勢に戻って繰り返し

中級者向けの腹筋運動!!

腹筋を鍛えるメリットは6パックやくびれなどの見た目の点も大きいけど、内臓の位置を正しくして便秘を解消してくれたり、腰痛を改善してくれたりする効果もある。夏に向けてだけではなく、オールシーズンやってみよう！

サイドベンド

ぽっこりお腹から **すっきりお腹へ！**

やっぱりバキバキの腹筋をつくりたい！

①両足を肩幅くらいに広げ、ダンベルを持った方に身体を預ける

②ゆっくりと上体を起こしてゆく。上体を起こす時は脇腹を意識するその後は再び身体をゆっくり傾けて①の姿勢に戻る

2〜3日おきに左右それぞれ15回×3セット（各セットの間は1分休憩）で自分ができる回数から始めてね！

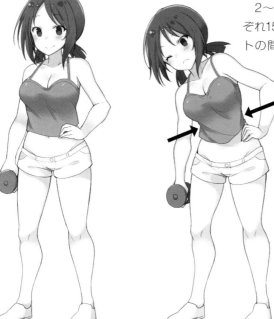

通勤中や外回りの時にカバンを使って脇腹を引き締める！

腹筋、とくに脇腹を鍛えると、女性だとくびれを作ったり、男性だとバランスの良いきれいな6パックを作るのに役立ちます。基本はダンベルを使って、慣れたらどんどん重さを上げていくのがベストですが、一定の重さがあるものなら何でも使えるので、カバンを使って通勤中に脇腹をシェイプアップさせることも可能です。是非、隙間の時間にやってみて下さい。

デッドバグ

腰を痛めにくい腹筋運動

①仰向けになってひざを曲げ、手は前へならえの状態にするひざは90°

2～3日おきに左右それぞれ20回×3セット（各セットの間は1分休憩）が目標で、自分ができる回数から始めてね！

②右脚を下げながら左腕も床に下ろす

↖ 下ろす側はギリギリ床につけない

③最初の①の体勢に戻った後、反対側の脚と腕を下ろしていく

運動している姿が死にかけの虫に似ていることからその名がついたデッドバグ。実は初心者向きの腹筋運動でありながらも、体幹トレーニングの効果もあるというオトクな運動です。また、腰を痛めにくいという特徴があるのでクランチ（P92）やレッグレイズ（P93）で腰が痛くなってしまう人は是非このデッドバグを試してみて下さい。寝転んだ体勢からすぐできるので、寝る直前のちょいトレにもオススメです。

やっぱりバキバキの腹筋をつくりたい！

ニートゥーチェスト

ぽっこりお腹から **すっきりお腹へ！**

①床に座り、お尻の斜め後ろに手をつき、足を床から少し浮かせる。足は運動中ずっと浮かせたまま！

②少し上体を丸めながら、腹筋の方でひざを胸のところへ近づける。この時に息を吐くようにして腹筋に負荷がかかっているか意識する

2～3日おきに20～30回×3セット（各セットの間は1分休憩）が目標で、自分ができる回数から始めてね

イスの上でもできるので、デスクワークの合間やテレビを見ながらやるのもオススメです。イスが倒れないように十分注意してください。

レッグレイズ（P93）と同じ分類の腹筋下部のトレーニングです。生まれつきの骨格や身体の柔らかさなどの問題でいまいちレッグレイズがやりにくい人が代わりにやったり、新しい運動で腹筋下部に新鮮な刺激を入れてトレーニングをさらに加速させるのにオススメです。また、腰まわりのインナーマッスルも鍛えることができるので、骨盤のゆがみを直したり、デスクワークなどが原因の腰痛を改善する効果もあります。

腹筋ローラー

限界まで腹筋を破壊する

①床にひざをつき、背中と腕が一直線になるように身体を伸ばしきる。この時、頭を腕の間に入れる

②腕と肩は一直線に保ったまま、お腹の力でローラーを引いていく。視点はおヘソを見るようなイメージ

ひざが痛い場合はマットを敷いてもいいですし、身体を伸ばしきって①の姿勢をとるのが無理な場合は壁の前で行うことでローラーの移動距離を制限して調整してもOKです。また、逆に負荷を求める場合は立ったまま行う「立ちコロ」をして腹筋の向こう側に挑戦してみましょう！

2～3日おきに10～20回×3セット（各セットの間は1分休憩）が目標で、できなかったら少ない回数から始めてね

ドラゴンフラッグ

自重の腹筋 最強種目

やっぱりバキバキの腹筋をつくりたい！

①トレーニングベンチに仰向けになり、耳の横あたりをつかみ、ゆっくりと足を垂直の手前ぐらいまで上げていく
このとき肩甲骨はベンチにつけておく
ベンチをつかむときに親指を外すとやりやすい

自重だと最強レベルの腹筋トレーニング、ドラゴンフラッグ。基本はトレーニングベンチを使ってやるのですが、代用として公園にある固定されたベンチを使ったり、重さのあるテーブルやイスの足をつかむことでもこの運動はできます。その際はちゃんと安全に運動できるかどうかを確認してから行ってください。またドラゴンフラッグは筋力が低い人だと腰を痛める可能性があるので、無理せずに自信のある人だけ試してみてください。

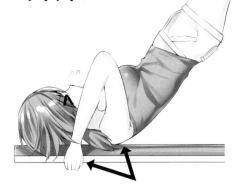

②腰がベンチにつく直前までゆっくり足を下ろしていく
その後はゆっくりと①の姿勢に戻っていく

2〜3日おきに10回×3セット（各セットの間は1分休憩）が目標で、自分ができる回数からやってみてね！

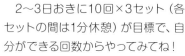

かっこいい肩を作る！

かっこいい肩を作る！

パイク プッシュアップ

鍛えられるのは… 肩

① 四つん這いの体勢から お尻を上げていく

手の幅は肩幅より少し広いくらい

この時にひざを曲げない！

② 腕を曲げていって頭を地面ギリギリまで下ろす。この時に息を吸いましょう。その後、息を吐きながら①の体勢に戻っていく

2〜3日おきに15回×3セット（各セットの間は1分休憩）が目標で、自分のできる回数から始めてね

　肩を鍛える運動です。男性は逆三角形の身体を作るためには欠かせない部位ですし、女性も肩をほどよく鍛えることでウエストをより細く見せる効果が得られるので、海外の女性トレーニーには人気の部位です。なお、足が高い位置にあるほど負荷が高まるので、台やイスの上に足を乗せることで、より高負荷のトレーニングができます。またプッシュアップバーを使うことでも負荷が高まるので試してみて下さい。

えっ、あれもウソだった？ダイエット間違いあるある

えっ、あれもウソだった？ダイエット間違いあるある

ダイエットにありがちな不思議な現象

明日からダイエット！今日だけは好きなもの食べるぞい！

ケース1　ダイエットの前日がループする

「明日からダイエット！　だから今日だけは美味しいものをたくさん食べちゃうぞ！」と言った次の日もまた同じことを言って好き放題食べてしまい、ダイエットを始める日が永遠に訪れない。

解決方法　ダイエットはつらいもの。つらいものをついつい後回しにしてしまう気持ちは分かりますが、「ダイエットは明日から」をずっと繰り返しているうちに寿命がきて「ダイエットは来世から」という事態になりかねません。これからダイエットを始める方は「ダイエットは今から！」と宣言して悪いループを終わらせましょう。

ケース2　ダイエット中のドカ食いをチートデイと言い張る

今までダイエットを何度も失敗してきたあなた。ある日、体重計に乗ると100g減っている。大はしゃぎして「自分へのご褒美だ！」とドカ食いを始めます。はっと我に返った時には、あたりにピザやポテチ、チョコの残骸が転がっています。そしてみんなこう言うのです。「こ、これは決してダイエットに失敗したんじゃなくてあくまでもチートデイだから！」と。

解決方法　確かにチートデイというテクニックはありますが、その人の体脂肪率などで適切な頻度が変わりますし、どれくらい食べるかも様々な説があります。一度試して自分の身体の反応を見るのはアリだと思いますが、単にドカ食いする言い訳で無計画に行うのは良くありません。ちなみに筋トレ日には摂取カロリーを増やしてバランスを取る方法もありますが、このやり方を採用している方は特にチートデイは必要ありません。

これはチートデイ…これはチートデイ…

ケース3 次々に新しいダイエット法を試したくなる

　テレビやネットで新しいダイエットの情報を得ると、今やっているダイエット法を根気強く続けることなどなく、「こっちの方が効果が高いのでは?」「今のものと組み合わせると、もっと痩せるのでは?」と考えて次々に新しいものに目移りしていきます。そして結果が出せずに「少しぽっちゃりの方が健康にいいし!」と言い訳をしてダイエットを止めてしまいます。ちなみにその時大量に買ったトレーニング器具やダイエット食品は買っただけで痩せた気になって押入れに眠ることになります。ダイエット食品に関しては、災害の時は非常食になるので時々思い出してあげて下さいね。

糖質制限に加えて脂質制限!さらにタンパク質を制限すれば最強!

それを世間では断食と言うのだが…

解決方法

　世の中にダイエット法はさまざまありますが、効果のあるものは全て「消費カロリー>摂取カロリー」にすることで痩せていき、例外はありません。例えば糖質制限をやってもカロリーがオーバーしていれば太ってしまいます。色々なダイエット法に目移りせず「消費カロリー>摂取カロリー」の原則が守れて、そのカロリー内でかっこよく/美しく痩せるために必要な栄養素が摂れている、ということに着目するのが結果を出す近道です。

　ダイエットでありがちな失敗をしないためには、「やると決めたらすぐ始める」「自分に言い訳をして誘惑に負けない」「最初に決めた方法をやり通す」などが有効な方法なのですが、なかなかこれを守るのは難しいです。ただ、失敗したとしても正しい方法でやっていれば、自分が1日に消費するカロリー量や食べ物の栄養成分、筋トレのやり方などの知識が身に付いているので、前よりもレベルが上がった状態でスタートすることができます。強くてニューゲームみたいなものです。なので諦めずにまたチャレンジしてみて下さい。

えっ、あれもウソだった？ダイエット間違いあるある

炭水化物は太りにくい

今では少し落ち着きを見せていますが、まだまだ糖質制限のブームが続いています。「今ダイエットしてるんだー」と言う人に内容を聞いてみると「糖質制限してるの！」と答えが返ってくることが割と多いです。中には「いい!? 糖質は毒なんだよ」と鬼のような形相で言ってくる人もいます。また、テレビなどでもたくさんやってたので、「炭水化物って太るんでしょ？」と、特にダイエットしてない人も言ってきたりします。

糖質は毒

インスリンは悪いヤツ？

糖質制限をやっている人に炭水化物が太りやすいという理由を聞いてみると、左図のようになりました。

なるほど、確かにこれはヤバいような気がします。しかし、多くの人が間違っていることが、「タンパク質ではインスリンが出ない」と思っていることです。

いくつかの研究でタンパク質を摂った後は炭水化物を摂った後と同じか、それ以上にインスリンが出ることが確認されています。

つまり糖質の制限ではインスリンをコントロールすることがができません。また、脂肪を蓄えるホルモンはインスリンだけでなく他にもあるので、インスリンの量がゼロでもオーバーカロリー状態なら太っていきます。インスリンは確かに脂肪を蓄える働きもありますが、筋肉の合成を活発にしたり、食欲を抑えるというダイエットに有利な働きも多いです。

インスリンって意外にいいやつだね

知らなかったー

106

炭水化物は脂肪になりにくい

「糖質はすぐ脂肪になる」と言っている人が見落としているものがもう一つあります。それはグリコーゲンです。グリコーゲンとは肝臓や筋肉に蓄えられる、すぐエネルギーとして使える形に変換された糖質で、まずこのエネルギー貯蔵庫がいっぱいになると初めて糖質が脂肪に変換されるようになります。1988年に行われた研究では、食事制限と運動で体内のグリコーゲンをゼロにした人に大量の炭水化物を食べさせていますが、お茶碗14杯分の炭水化物を摂っても、一切糖質は脂肪として蓄えられなかったというおどろきの結果が出ています。

炭水化物が脂肪に変れる時にエネルギーが使われる

オーバーカロリーの状態で100gの脂肪を摂ったらほぼ100gの体脂肪として蓄えられますが、100gの糖質を摂っても約30gの体脂肪にしかなりません。これは糖質よりも脂肪が1gあたりのカロリーが高いのと、糖質が体脂肪に変換される時にエネルギーを使うからです。

結論

ここから出せる結論は常識と違って「炭水化物は太りにくい」ということです。特に筋トレをしている人の場合はきっちり糖質を摂ることで筋肉を動かす時のエネルギーであるグリコーゲンが補充され、よりダイエットや肉体改造がうまくいきます。糖質制限が流行ったせいで糖質を摂ることに罪悪感を感じる人をよく見かけるのですが、ぜひこれを読んでダイエットの本質である「消費カロリー＞摂取カロリー」に集中するようにしてみて下さい。

ダイエット中にパフェって食べていいの?

えっ、あれもウソだった?ダイエット間違いあるある

パフェやパンケーキやドーナツを食べたくないですか? 別にチートデイという訳ではありません。これらの食品はダイエットや肉体改造には向かないですが、実はTDEEや3大栄養素の比率を計算していれば「自分が何をどこまで食べてよいか」が分かるので、パフェなんかも食べることができます。

ダイエットと言えば修行僧のような食生活を送る人が多いですが、それで途中で挫折するようなら、この方法を取り入れると良いかもしれません。計算は簡単なのですぐできますよ。

①TDEEの計算(体重×33=TDEE)

まずはこれ、居酒屋に入った時の「とりあえず生」みたいな感じで計算して下さい。(P12)

②TDEE×0.8=ダイエット中の摂取カロリー

例)体重60kgの人のTDEEは1980kcalでダイエット中の摂取カロリーは1584kcalです

食事管理でカロリーだけを考える場合(P10)は、もうこの時点でパフェを食べられます。パフェが500kcalくらいなので、あと1000kcal好きなものを食べられます。

あまりオススメはできませんが、パフェをあと2つ食べてもしっかり体重は落ちていきます。美しくかっこよく痩せたいなら栄養素の比率も考えた方がいいですが、3食パフェでもダイエットはできます。

③三大栄養素の比率を計算する

理想の比率

タンパク質	体重×1.5〜2g
脂質	体重×0.6〜1g
炭水化物	残り全部のカロリー

今回の設定を「タンパク質＝体重x1.5g」「脂質＝体重x1g」にすると、体重60kgの人は1日の栄養素の摂取量が「タンパク質＝90g、脂質＝60g」になり、「タンパク質1g＝4kcal、脂質1g＝9kcal、炭水化物1g＝4kcalになります。炭水化物の量を求める時は…

摂取カロリー−(タンパク質の量×カロリー)−(脂質の量×カロリー)＝炭水化物のカロリー
「1584−(90×4)−(60×9)＝684kcal」

この炭水化物のカロリー684kcalを4で割った171gになります。

この場合守るべき栄養素とカロリー

カロリー	1584kcal
タンパク質	90g
脂質	60g
炭水化物	171g

④パフェを食べて他の食事で調整する

ファミレスD社のパフェ

カロリー	564kcal
タンパク質	10.1g
脂質	31.9g
炭水化物	62.8g

残りのカロリーと栄養素

カロリー	1020kcal
タンパク質	89.9g
脂質	28.1g
炭水化物	108.3g

　脂質が多めですが、計算した3大栄養素の全てを下回ってるので、パフェは食べられます。パフェを食べたので、あとの食事はマジメに調整しますが、サラダチキン3個、サバ缶1個、おにぎり2個を食べると理想的な比率を守ったままになり、ダイエットは通常どおりのペースで進んでいきます。

えっ、あれもウソだった？ダイエット間違いあるある

夜遅くに食べると太るのは都市伝説!?

もう20時だから食べれない…

ダイエットしている人からよく聞く言葉があります。「夜遅くに食べると太るんでしょ？　だから20時以降は食べない」という言葉です。筆者もこれを信じていた時期があり、朝と昼は食べて夜はほとんど食べないダイエット法をしていました。ところがこの方法、お腹が減って眠れない！　あと、いろんな疑問も浮かんできたので本当かどうか調べてみることにしたのでした。

ホストやキャバ嬢は夜いっぱいお酒を飲むはずなのにやせている…？

本当に夜遅く食べると太るのなら！飢餓地域の人々を救えるのでは…？

都市伝説1　動かないから余ったカロリーが脂肪になる

　一見正しそうに思えますが、寝ている間も人間は心臓を動かして、体温を維持するのにカロリーを消費しています。これが基礎代謝で、ちょっとの間の運動よりも寝ている間のほうがカロリーを使っています。結局1日通して、消費カロリー＞摂取カロリーになる方が重要ということです。

寝ている間も身体は働いている

都市伝説2　夜は代謝が落ちる

　副交感神経(身体をリラックスさせる)の働きで代謝が落ちた副腎皮質ホルモン(脂肪を燃やす)の分泌が少なくなるのが理由として挙げられますが、そもそも食事が消化されるのにかかる時間はお肉などがあると12時間以上かかることも！つまり夜に代謝が落ちるのが事実でも、栄養が吸収される時間は朝か昼なので影響がないのです。

都市伝説3　BMAL1が夜増えるから太る

　脂肪を合成するタンパク質のBMAL1が夜増えるから食べちゃダメ！　という説ですが、ネットでも公開されている研究概要（※1）を見るとわかる通り、実はBMAL1はメタボを防ぐいいやつだったことが判明して完全に否定されています。

都市伝説4　DITが夜は少ないので太る

　DITとは食事するときに代謝が上がること。これが朝に比べて夜は低いのでよくない！　という説です。これはネットで論文（※2）が公開されていますが、たとえ事実でも朝型と夜型では50kgの人で11.2kcalしか変わりません。あと、実験方法が微妙でそのまま受け取らないほうがよさそうです。

いろいろ調べた結果、夜遅くに食べると太るというのは完全に迷信でした。夜遅く食べる人は3食+夜食など1日通して他の人よりも多くカロリーを摂って太っている傾向があるためこのような都市伝説が生まれたのだと思います。消費カロリー＞摂取カロリーの原則を守れば別に夜食べても太らないので安心して食べてくださいね。

別に夜遅くに食べても太らない

（※1〜2、参考文献P120に記載）

えっ、あれもウソだった？ダイエット間違いあるある

夜にたくさん食べた方がダイエットはうまくいく？

①夜にガッツリ炭水化物を摂った方が痩せた上に満腹感も高かったという研究（※3）

　2006年に78人の被験者を対象にして行われた実験です。この研究では参加者を食事の内容は同じだけれど摂るタイミングが違う2つのグループに分けました。

A.3食均等に炭水化物を摂るグループ
B.夕食に炭水化物の大半を摂るグループ

　両方のグループで体重と体脂肪が減ったのですが、Bグループの方がより体重と体脂肪が減っていて、実験期間中に空腹感が少なかったという結果が出ています。

②日中は何も食べず、夜に1日の食事を全て済ますと筋肉を維持しつつ体脂肪を落とすことができたという研究（※4）

　2007年にインドネシア大学で43人の被験者に対して行われた実験です。ラマダンというイスラム教の儀式を行う前と後でどのぐらい身体が変化したかを調べました。ラマダンは日中は何も食べずに日が沈んでから食事をするという断食の一種です。ラマダン前後の摂取カロリーは一定に設定し、夜だけ食べた時の身体の変化を見てみると、まず体重が減っています。
　そして、その内訳を見ますと筋肉量は変わっていないものの、体脂肪が減っているということが確認されました。

― 112 ―

③朝食メインの場合は体重の減りが大きいが、夕食メインの場合は筋肉が維持され、体脂肪がより減るという研究（※5）

1997年にアメリカの農務省が行った研究です。この実験では食事内容は同じですが、参加者にの2つのパターンで食事をしてもらって身体の変化を調べました。

A.70%を朝食で摂った場合
B.70%を夕食で摂った場合

この結果、朝食メインの場合の方が体重の減少が大きかったのですが、これは筋肉が減っていたからで、夕食メインの方は筋肉は減らずに体脂肪が朝食メインよりも減っていました。つまり「体脂肪の減少」という点で見ると夕食メインの方が良い結果が出ています。

カロリーさえちゃんとマイナスなら夜食べても全然OK！

きちんとカロリーを一定にして食事のタイミングによる影響を調べた研究だと、夜遅くに食事をした方がダイエットに良い結果が出ているのが分かって頂けたと思います。「夜食べてると太る！」という特に根拠がない都市伝説を信じて苦しい思いをしてがんばっても、実は逆効果なのだとしたら、とても残酷な話だと思います。

お伝えしたいことは「夜に食べろ！」ということではなく、もし「夜20時以降は何も食べない」という意味がない制約に縛られてつらい思いをしているなら、それを止めて自分がもっと楽にダイエットできるような時間に食事を摂りましょうということです。

朝食をガッツリ摂る方が身体の調子が良いなら変える必要はないと思います。ダイエットで重要なことは「継続性」なので、できるだけ不要なつらい制約は取り除きましょう。また、ダイエットでは食事のタイミングより重要なのが「消費カロリー＞摂取カロリー」にすることなので、朝に食べるか夜に食べるかよりもまずは一番重要なこの点ができているか、そちらを優先してチェックしましょう。

（※3～5、参考文献P120に記載）

部分やせってできるんですか?

えっ、あれもウソだった? ダイエット間違いあるある

「今ダイエット中でお腹をへこませたいので腹筋をたくさんやってます」
「スクワットや腕立て? 今気になるのはお腹なのでそれはやってません」
　筋トレ関連の質問をよく受けるようになり、こういった内容のことを聞くことが多くなりました。よく動かす部分は脂肪が落ちやすいのか? 結論から書くと答えはNOです。

腹筋をたくさんやってお腹の脂肪が減るのか? という研究

　2011年に行われた研究で、7種類の腹筋運動を10回×2セット、つまり140回の腹筋運動を週5回やったグループとしないグループでは脂肪量に差はなかったという結果が出ています。脂肪の下では腹筋運動により腹筋が発達したかと思いますが、特定の部分の脂肪を減らすという効果は無いようです。また、お腹だけではなくて脚や腕でも同じように部分痩せはできないという研究結果も出ています。

目的の場所を細くするにはどうするの？

　人間には脂肪のつきやすい場所とつきにくい場所があって、ダイエットを始めると脂肪がつきにくい部分から細くなります。これはあらかじめ遺伝子によって決められているので、順番を変える、つまり目的の場所だけ部分痩せすることはできません。

　個人差もあるのですが、基本的に男性はお腹まわり、女性は太ももとお尻がなかなか脂肪が落ちない場所になっています。だいたいここが細くしたい場所だと思いますが、そのためには以下の2点が重要になってきます。

---

①目的の場所が細くなる順番が来るまで辛抱強く、消費カロリー＞摂取カロリーの状態を続ける
②筋トレで鍛える筋肉が多いほどダイエット効果がアップし、また筋肉量を維持して楽しくかっこよい身体が目指せるので、全身をまんべんなくトレーニングする

---

　②に関して補足しておきますと「体脂肪を落として腹筋を割りたいなー」という場合は、腹筋運動もやるべきですが、脂肪を落とすという意味ではスクワットで使う筋肉量の方が多いのでスクワットがオススメです。

　理想は1日で脚、胸、背中、お腹を鍛えるようにトレーニングを選んで、週2〜3回この全身を鍛えるメニューを実行することです。この時は常に自分の限界になるように回数を増やしていったり、負荷の高い種目に切り替えるようにしましょう。

目的の部分を
細くするため
全身を鍛えよう！

えっ、あれもウソだった？ダイエット間違いあるある

正しいプロテインの使い方

うわ〜これは絶対プロテインやってるわ…

うんうん…ってオイそれ言いたいのはステロイドでしょ！

プロテインって一体何？

トレーニングをやらない人の間ではまるで違法な薬物のような扱いを受けているプロテイン。その中身とは、お肉やお魚によく含まれる『タンパク質』です。誤解されがちですが、飲んだだけでムキムキになったりすることはありません。なお、皮膚科でよく出るステロイドの塗り薬もムキムキにはなりません。

ステロイドゲット〜！これでムキムキになれるぞ！

皮膚の炎症などを抑える効果しかありません

なんでみんな飲んでるの？

筋肉の成長のため、もしくは筋肉の減少を抑えるため、体重x1.5〜2gのタンパク質を摂るのが理想ですが、これを普通の食事から摂るのは難しいので、高タンパク低カロリーなプロテインを補助的に使って必要なタンパク質を確保しているのです。

プロテインの飲み方

間違った使い方で
一番多いパターンが
筋トレした日だけ飲んで
筋トレしない日は全く
飲まないパターンです

筋トレ後の
ゴールデンタイム
だから今日は
プロテイン飲むぞ～

　筋トレする日もしない日も、体重×1.5～2gのタンパク質を摂るべきなんですが、食事で摂れなかった分を補う用にプロテインを飲むのが正しい使い方です。もし食事で必要なタンパク質を摂れるなら飲まなくてもいいです。
　また高タンパク低カロリーなので食事の置き換えにもオススメです。

プロテインの選び方

　ポイントは「味」「1kgあたりの価格」「1食分に含まれるタンパク質」あたりで、どれを重視するかで人により変わってくるのですが、劇的に違ってくるものではないので、AmazonやiHerbで人気のものやドラッグストアに置いてある有名メーカーのものをとりあえず使ってみて、そこから色々と自分に合ったものを探して下さい。あとはソイやホエイなどの種類がありますが、脂肪を減らす効果も筋肉をつける効果も食欲を減らす効果も、ホエイが最も高いため、特別な理由がなければ、ホエイを選びましょう。
　「よく分からない。結局何を買えばいいの？」という人は、監修者ワイワイちゃん (@subnacchi) のツイッターアカウントで具体的なプロテインを紹介しているので、ご覧ください。

ダイエットに有効な食べ物

えっ、あれもウソだった？ダイエット間違いあるある

サラダチキン、プロテイン

高タンパクで低脂質、低糖質なのであらゆる状況で活躍するオールラウンダーです。サラダチキン1個、プロテイン1杯で約100kcalとタンパク質20gなので覚えておきましょう。

脂肪ゼロのヨーグルト

ダイエット中の腸内環境やお通じ改善の効果もあります。450gのもので、200kcal、炭水化物20g、タンパク質20gが摂れます。ゼロカロリーのシロップをかけて食べるのもオススメです。

カッテージチーズ

チーズの中でも脂肪が少なく、ダイエット中でも使いやすい食品です。栄養素が優秀な上にサラダにかけると普通の食事に、ゼロカロリーのシロップをかけるとチーズケーキに早変わり！

和菓子

ケーキやシュークリームのような洋菓子と違って脂肪をあまり含まないので、その日に摂る炭水化物のカロリーを大福やお団子、あんぱんやどら焼きなど、和菓子に置き換えることが可能です。

サバ缶

脂肪には良いやつと悪いやつが存在していて、サバなどの青魚は良い脂肪を多く含んでいます。この良い脂肪を摂ると、筋肉がよくつくようになり、体脂肪も燃えやすくなります。

筋トレ・ダイエット向きのコンビニ商品をP121で紹介→

すでにツイッターの方で見ている人も、今回初めて知った方もこんにちは。「ついったーでもいっしょにとれーにんぐ」（@isshonitraining）のアカウントを運営しているサークル「ひなこだよ」です。

ツイッターでの連載や、内容をまとめた同人誌が「あまりにも効果がある！」と話題になり、今回ジーオーティーさまの方から商業出版させて頂くことになりました。

この本に書いてあることを実践すれば必ず結果が出るのでぜひやってみて下さい。また現在もツイッターでためになる上に面白い情報を更新していますのでぜひチェックしてみて下さいね。

ついったーでもいっしょにとれーにんぐ@isshonitraining

にゅむ（表紙、4-5、10、36、71、82、帯）
シーエル（4-5、12、14、43、69、87、92、106-107、119）
霞餅粉（6-8、16-17、26-29、34、42、49-51、74、85、93、118、裏表紙）
しお（13、15、44、46、88、116-117）
神岡ちろる（18-19、40-41、75、100）
いちはや（20、58、76、94、102）
まさよ（22、52、56、78、80、84、108-109）
キッポコポコ（23、37、54-55、70、79、98、110-111、114-115）
MATSUNOKI（24-25、96）
ししょー（30-31、60）
memao（38-39、72、112-113）
キンタ（47）
しゅは（48）
DYTM（32-33、59、68）
モモ肉（61-62、104-105）
さわやか鮫肌（64、97）
coupon（65）
いちなな（66-67、95）
ななかぐら（86、90-91）
まきのん™（99）

イラストレーター
（掲載順）

■参考文献
※1『時計遺伝子BMAL1の機能欠損によるメタボリックシンドローム発症とそのメカニズム』
※2『食事時刻の変化が若年女子の食事誘発性熱産生に及ぼす影響』
※3『Greater weight loss and hormonal changes after 6 months diet with carbohydrates eaten mostly at dinner.』
※4『Ramadan Fasting Decreases Body Fat but Not Protein Mass..』
※5『Weight loss is greater with consumption of large morning meals and fat-free mass is preserved with large evening meals in women on a controlled weight reduction regimen.』

『体重と体型が思い通りになる魔法の食事&トレーニング
〜ついったーでもいっしょにとれーにんぐ〜』

２０１９年５月１日 初版発行
２０１９年５月１８日 ２版発行

著者:ひなこだよ
編集:有限会社ジップスファクトリー

発行人:篁俊博
発行所:株式会社ジーオーティー
〒106-0032
東京都港区六本木3-16-13-409
TEL:03-5843-0034　FAX:03-5114-7884

印刷・製本:図書印刷株式会社
ISBN978-4-8148-0179-4

※乱丁・落丁の場合はお取替え致しますので弊社までご連絡ください。

カロリー&栄養バランスを考える
筋トレ&ダイエットのためのコンビニ食品カタログ

2019年3月12日現在の商品です。掲載時、取り扱いを終了している場合があります。

生ハムロース

159円（税込）　　　カロリー 69kcal

タンパク質	11.2g	炭水化物	2.0g
脂質	1.8g	食塩相当量	2.4g

スペイン産の豚ロース肉を使用した生ハム。桜チップでスモークされており、香りやコクのある旨みで飽きない。たんぱく質が豊富。

香ばしい焼鳥炭火焼

235円（税込）　　　カロリー 233kcal

タンパク質	29.4g	炭水化物	7.8g
脂質	9.4g	食塩相当量	2.1g

レンジでチンするだけで食べられる冷凍食品。鶏もも肉を炭火で香ばしく焼き上げており、香ばしいタレの味は満足度が高い。

ささみスモーク

149円（税込）　カロリー 39kcal

タンパク質	8.5g	炭水化物	0.8g
脂質	0.2g	食塩相当量	0.5g

鶏ささみをスモークチップで香ばしく燻した、低カロリー高たんぱくの鉄板アイテム。定番サラダチキンに飽きたら、これがオススメ。

サラダフィッシュ サーモントラウト

300円（税込）　カロリー 96kcal

タンパク質	12.5g	炭水化物	0.3g
脂質	4.9g	食塩相当量	0.8g

脂がのったペルー産トラウトサーモンを柔らかな食感に仕上げている。サラダフィッシュは東京・神奈川・九州地区の店舗のみ取り扱い。

サラダフィッシュ まぐろ

300円（税込）　カロリー 91kcal

タンパク質	14.3g	炭水化物	0g
脂質	3.7g	食塩相当量	0.7g

人気のサラダチキンに続くダイエットの強い味方。ここで紹介しているサラダフィッシュ3品の中では最も低カロリー＆高たんぱくになっている。

サラダフィッシュ さば

267円（税込）　カロリー 224kcal

タンパク質	12.7g	炭水化物	0.5g
脂質	19.0g	食塩相当量	1.1g

まぐろ、サーモン、さば共に低温加熱調理が為されており、火を通さずにそのまま食べられる。3品をローテーションすると飽きない。

鶏の旨味！国産鶏のたっぷり鶏そぼろごはん

298円（税込）	カロリー 411kcal		
タンパク質	17.7g	炭水化物	72.3g
脂質	5.6g	食塩相当量	1.8g

特製の醤油タレで煮込んだ合挽肉と、かつおと鶏ガラのうま味を加えて炊き込んだごはん。見た目よりも低カロリーで、満腹度は高い。

食べやすい食感の鮭とば 28g

408円（税込）	カロリー 81kcal		
タンパク質	15.2g	炭水化物	0.5g
脂質	2.0g	食塩相当量	1.6g

時間をかけて乾燥させた鮭のおつまみ。噛み応えがあり、ほぐれやすい食感で人気が高い。小腹が空いた時のおやつ代わりに最適。

あかにし貝

300円（税込）	カロリー 64kcal		
タンパク質	11.2g	炭水化物	4.2g
脂質	0.3g	食塩相当量	1.1g

セブンイレブンのおつまみの中でも特に評価が高い、わさび醤油で食べるお刺身。ボリュームもあって、ダイエット向きな商品。

ゼロキロカロリー 寒天ゼリー

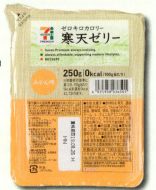

100円（税込）　　　　カロリー 0kcal

タンパク質　　0g　　炭水化物　　　　0.8g
脂質　　　　　0g　　食塩相当量　　　0.1g

食物繊維を豊富に含む寒天を使い、口当たりの良い食感に仕上げたみかん味のゼリー。カロリーを気にしないで食べられるのが嬉しい。白桃味、ぶどう味もあり。

大粒のブルーベリー

200円（税込）　　　　カロリー 81kcal

タンパク質　　0.8g　　炭水化物　　　21.5g
脂質　　　　　0.1g　　食塩相当量　　　0g

カロリーオフのセブンイレブンの冷凍フルーツ。メロン、パイナップル、いちごなど種類も豊富。安価だが大粒で食べ応えがある。

アップルマンゴー

200円（税込）　　　　カロリー 75kcal

タンパク質　　0.7g　　炭水化物　　　18.0g
脂質　　　　　0g　　　食塩相当量　　　0g

濃厚でなめらかな食感と爽やかな香りのタイ産アップルマンゴー。低カロリーでダイエット時に甘いものが食べたくなった時にはオススメ。

サラダチキンスティック（プレーン）

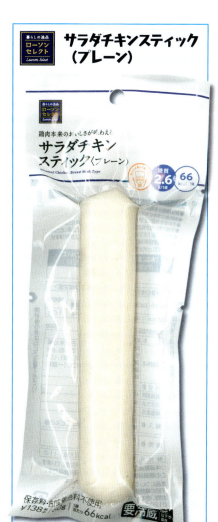

138円（税込） カロリー 66kcal

タンパク質	11.4g	炭水化物	3.0g
脂質	1.0g	食塩相当量	1.0g

鶏むね肉を使用したサラダチキンをスティックタイプに仕上げた定番商品。手軽に食べられるサイズでカロリーも控えめになっている。

サラダチキンローストブラックペッパー

198円（税込） カロリー 93kcal

タンパク質	19.7g	炭水化物	1.6g
脂質	1.0g	食塩相当量	1.2g

粗挽きのブラックペッパーをきかせたスパイシーな味わいのサラダチキン。5種類のスパイスで仕上げたタンドリーチキン味もあり。

たけのこ土佐煮

135円（税込） カロリー 39kcal

タンパク質	1.9g	炭水化物	7.3g
脂質	0.2g	食塩相当量	1.0g

かつおと昆布の旨みを効かせた、たけのこの土佐煮。濃い口しょうゆでしっかりと味付けされており、コリコリした食感が楽しめる。

ミニつぶあんぱん

100円（税込）	カロリー 98kcal	
タンパク質	2.7g	炭水化物 19.4g
脂質	1.1g	食塩相当量 0.1g

カロリーや栄養成分は1個辺りの数値。甘さ控えめで程よく粒感の残るつぶあんに、しっとりした生地のミニサイズのつぶあんぱん。

パストラミビーフ

150円（税込）	カロリー 51kcal	
タンパク質	9.0g	炭水化物 0.7g
脂質	1.3g	食塩相当量 1.2g

黒胡椒でピリッとスパイシーに仕上げたビーフ。薫製仕立てなのでほとんど糖質もゼロで、ダイエット中でも肉の旨みを楽しめる。

あたりめ 18g

132円（税込）	カロリー 59kcal	
タンパク質	12.0g	炭水化物 0.2g
脂質	0.8g	食塩相当量 0.7g

口寂しい時にオススメのあたりめ。噛めば噛むほど凝縮された旨みが広がるが、飽きてきたら他の乾物にシフトするのもオススメ。

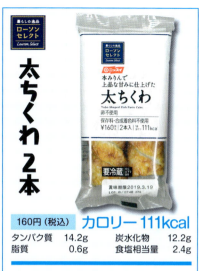

130円（税込）	カロリー 40kcal	
タンパク質	1.1g	炭水化物 9.9g
脂質	0g	食塩相当量 1.0g

特製だしで仕上げた、ほどよい歯応えのごぼう。食物繊維が豊富に含まれているごぼうとこんにゃくの組み合わせはダイエットには最適。

160円（税込）	カロリー 111kcal	
タンパク質	14.2g	炭水化物 12.2g
脂質	0.6g	食塩相当量 2.4g

でんぷんを一切使用せずに、なめらかでしなやかな食感に仕上げた太ちくわ。小さなサイズの活ちくわ（4本）もオススメのアイテム。

紅鮭の塩焼

298円（税込）	カロリー 143kcal	
タンパク質	26.3g	炭水化物 0.2g
脂質	4.1g	食塩相当量 1.8g

塩分控えめの紅鮭の塩焼。トレーパックを使用しており、お皿に移さずにそのまま手軽に食べられる。コンビニで人気の定番おかず。

さばの味噌煮

258円（税込）	カロリー248kcal	
タンパク質	14.1g	
脂質	18.7g	
炭水化物	5.9g	
食塩相当量	1.1g	

赤味噌をベースに昆布と生姜の風味をきかせて煮込んださば。食べ応えも腹持ちも充分。脂肪燃焼効果を高める必須脂肪酸EPAも豊富。

笹かま 4枚入

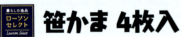
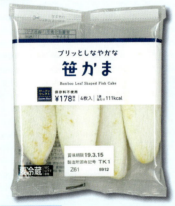

178円（税込）	カロリー 111kcal
タンパク質	13.3g
脂質	0.6g
炭水化物	13.1g
食塩相当量	2.6g

コンビニの練り物の中では人気が高い、仙台名産の笹かま。低カロリーでダイエット効果が高く、小腹が空いた時の軽食にも最適。

したらば

108円（税込）

カロリー 60kcal

タンパク質	6.4g
脂質	0.9g
炭水化物	6.5g
食塩相当量	1.2g

カニエキス、紅ズワイガニの身を加えることで、風味豊かな味わいに仕上げたカニ風味かまぼこ。脂質が少なく、カロリーも低い。